中华人民共和国消费者权益保护法

注释本

法律出版社法规中心　编

法律出版社
LAW PRESS CHINA
·北　京·

图书在版编目(CIP)数据

中华人民共和国消费者权益保护法注释本 / 法律出版社法规中心编. -- 3 版. -- 北京 : 法律出版社, 2022 (2024.1 重印)
(法律单行本注释本系列)
ISBN 978-7-5197-6764-8

Ⅰ. ①中… Ⅱ. ①法… Ⅲ. ①消费者权益保护法－法律解释－中国 Ⅳ. ①D923.85

中国版本图书馆 CIP 数据核字(2022)第 091836 号

中华人民共和国消费者权益保护法注释本
ZHONGHUA RENMIN GONGHEGUO XIAOFEIZHE QUANYI BAOHUFA ZHUSHIBEN

法律出版社法规中心 编

责任编辑 李争春
装帧设计 李 瞻

出版发行 法律出版社
编辑统筹 法规出版分社
责任校对 裴 黎
责任印制 耿润瑜
经　　销 新华书店

开本 850 毫米×1168 毫米 1/32
印张 4.875　**字数** 138 千
版本 2022 年 6 月第 3 版
印次 2024 年 1 月第 7 次印刷
印刷 北京中科印刷有限公司

地址:北京市丰台区莲花池西里 7 号(100073)
网址:www.lawpress.com.cn
投稿邮箱:info@lawpress.com.cn
举报盗版邮箱:jbwq@lawpress.com.cn

销售电话:010-83938349
客服电话:010-83938350
咨询电话:010-63939796

书号:ISBN 978-7-5197-6764-8　**定价**:18.00 元

凡购买本社图书,如有印装错误,我社负责退换。电话:010-83938349

编辑出版说明

现代社会是法治社会,社会发展离不开法治护航,百姓福祉少不了法律保障。遇到问题依法解决,已经成为人们处理矛盾、解决纠纷的不二之选。然而,面对纷繁复杂的法律问题,如何精准、高效地找到法律依据,如何完整、准确地理解和运用法律,日益成为人们"学法、用法"的关键所在。

为了帮助读者快速准确地掌握"学法、用法"的本领,我社开创性地推出了"法律单行本注释本系列"丛书,至今已十余年。本丛书历经多次修订完善,现已出版近百个品种,涵盖了社会生活的重要领域,已经成为广大读者学习法律、应用法律之必选图书。

本丛书具有以下特点:

1. 出版机构权威。成立于1954年的法律出版社,是全国首家法律专业出版机构,始终秉承"为人民传播法律"的宗旨,完整记录了中国法治建设发展的全过程,享有"社会科学类全国一级出版社"等荣誉称号,入选"全国百佳图书出版单位"。

2. 编写人员专业。本丛书皆由相关法律领域内的专业人士编写,并引入匿名审稿评估制度,确保图书内容始终紧跟法治进程,反映最新立法动态,体现条文本义内涵。

3. 法律文本标准。作为专业的法律出版机构,多年来,我社始终使用全国人民代表大会常务委员会公报刊登的法律文本，积淀了丰富的标准法律文本资源，并根据立法进度及时更新相关内容。

4. 条文注解精准。本丛书以立法机关的解读为蓝本，对每个条文提炼出条文主旨，并对重点条文进行注释，使读者能精准掌握立法意图，轻松理解条文内容。

5. 配套附录实用。书末“附录”部分收录的均为重要的相关法律、法规、司法解释和最高人民法院发布的典型案例，使读者在使用中更为便捷，使全书更为实用。

需要说明的是，本丛书中“适用提要”“条文主旨”“条文注释”等内容皆是编者为方便读者阅读、理解而编写，不同于国家正式通过、颁布的法律文本，不具有法律效力。本丛书不足之处，恳请读者批评指正。

我们用心打磨本丛书，以期为法律相关专业的学生释法解疑，致力于为每个公民的合法权益撑起法律的保护伞。

法律出版社法规中心

2022年6月

目　录

附录一

附录二

《中华人民共和国消费者权益保护法》适用提要

第八届全国人民代表大会常务委员会第四次会议于 1993 年 10 月 31 日通过《消费者权益保护法》[①],该法自 1994 年 1 月 1 日起施行,对保护消费者的合法权益,形成消费者权益保护的社会理念,规范经营者的经营行为,维护社会经济秩序,促进社会主义市场经济健康发展,发挥了重要作用。但是,随着经济社会的不断发展,我国消费方式、消费结构和消费理念发生很大变化。在消费方式方面,随着互联网的兴起与发展,网络销售、网络购物逐渐成规模。在消费结构方面,消费品和经营者提供的服务种类日趋丰富,自住商品房、机动车、金融服务等成为消费者日常生活中新的消费对象。在消费理念方面,在提升消费生活水平的同时,文明、健康和节约资源、保护环境的消费观念逐渐形成。针对消费者权益保护领域出现的这些新情况、新问题,有必要适时修改《消费者权益保护法》,完善消费者权益保护法律制度。

2013 年 10 月 25 日,第十二届全国人民代表大会常务委员会第五次会议通过了《全国人民代表大会常务委员会关于修改〈中华人民共和国消费者权益保护法〉的决定》,该修改决定自 2014 年 3 月 15 日起施行。

---

① 为方便阅读,本书中法律、法规名称均使用简称。——编者注

2013 年修正的《消费者权益保护法》对加强社会诚信建设、充实细化消费者权益、强化经营者义务与责任、规范网络购物等新的消费方式、进一步发挥消费者协会的作用、进一步明确行政部门的监管职责等内容作了修改完善。

在加强社会诚信建设方面，针对一些经营者诚信缺失、背离社会公德、违法经营、严重损害消费者权益的情形，作了以下规定：一是规定经营者向消费者提供商品或者服务，应当恪守社会公德，诚信经营，保障消费者合法权益；二是对经营者掺杂、掺假，以假充真，以次充好，以不合格商品冒充合格商品，虚假宣传等行为，规定除依照法律、法规规定予以处罚外，由处罚机关记入信用档案，向社会公布。这些规定有利于引导经营者自觉履行法定义务并承担社会责任，培育诚信的消费环境，增强人民群众的消费信心。

在充实细化消费者权益的规定方面，针对实践中有的经营者非法收集、使用消费者的个人信息，擅自泄露或者非法向他人提供消费者个人信息，严重影响消费者正常生活，侵害消费者的合法权益的情况，对消费者个人信息得到保护的权利作了规定。

在强化经营者的义务与责任方面，针对实践中较多发生的消费者权益受到损害的情形以及维权难的情况，作了以下规定：一是增加规定经营者向消费者提供商品或者服务，不得设定不公平、不合理的交易条件，不得强制交易；二是明确经营者召回缺陷商品的义务，对提供的商品或者服务存在缺陷，有危及人身、财产安全危险的，应当采取召回等措施；三是明确经营者对耐用商品等的瑕疵举证责任；四是完善“三包”规定，强化退货、更换、修理的义务，促使经营者保证商品或者服务质量；五是强化广告经营者、发布者的责任，对设计、制作、发布关系消费者生命健康商品或者服务的虚假广告，造成消费者损害的，应当与提供该商品或者服务的经营者承担连带责任；六是加大对欺诈行为的惩罚力度，增加规定经营者明知商品或者服务存在缺陷，仍然向消费者提供，造成消费者或者其他受害人死亡或者健康严重损害的，受害人有权要求经营者依照本法第49、51条等法律规定赔偿损失，并有权要求所受损失两倍以下的惩罚性赔偿。

在规范网络购物等新的消费方式方面，针对网络销售等新的消费方式与传统消费方式的不同特点，作了以下规定：一是对网络购物中经营者提供的信息不真实、不完整问题，规定经营者应当向消费者提供真实、全面信息；二是建立了无理由退货制度，赋予消费者在7日内无理由退货的权利；三是规定了网络交易平台提供者不能提供销售者或者服务者真实名称、地址和有效联系方式的，应当承担先行赔付责任。

在进一步发挥消费者协会作用方面，作了以下规定：一是将消费者协会的定性修改为“社会组织”；二是明确了消费者协会履行职责的公益性；三是各级人民政府对消费者协会履行职责应当予以必要的经费等支持；四是规定对侵害众多消费者合法权益的行为，中国消费者协会以及在各省、自治区、直辖市设立的消费者协会，可以向人民法院提起诉讼。

在进一步明确行政部门监管职责方面，作了以下规定：一是规定有关行政部门在各自的职责范围内，应当对经营者提供的商品或者服务进行抽查检验，并向社会及时公布抽查检验结果；二是规定有关行政部门发现并认定经营者提供的商品或者服务存在缺陷，应当立即责令经营者采取召回等措施；三是消费者向有关行政部门投诉的，该部门应当自收到投诉之日起7个工作日内予以处理并告知消费者；四是加大对损害消费者合法权益行为的行政处罚力度。

中华人民共和国
消费者权益保护法

（1993年10月31日第八届全国人民代表大会常务委员会第四次会议通过　根据2009年8月27日第十一届全国人民代表大会常务委员会第十次会议《关于修改部分法律的决定》第一次修正　根据2013年10月25日第十二届全国人民代表大会常务委员会第五次会议《关于修改〈中华人民共和国消费者权益保护法〉的决定》第二次修正）

第一章　总　　则

第一条　【立法目的】[①]为保护消费者的合法权益，维护社会经济秩序，促进社会主义市场经济健康发展，制定本法。

关联法规

《产品质量法》第1条

《反不正当竞争法》第1条

第二条　【调整范围之消费者】消费者为生活消费需要购买、使用商品或者接受服务，其权益受本法保护；本法未作规定的，受其他有关法律、法规保护。

---

① 条文主旨为编者所加，仅供参考，下同。——编者注

条文注释①

本条是关于《消费者权益保护法》调整范围之消费者的规定。

以下两个问题需要特别注意：

1. 金融服务是否适用本法

从实践情况看，金融领域中存在消费者在交易中处于弱势地位的情形，例如，在金融理财产品销售过程中，出现的格式条款、虚假陈述等情形，有必要对这些领域的消费者加强保护。同时，金融机构提供金融服务实际上是一种市场交易活动，个人接受金融服务也主要是为了个人或者家庭财产的保值增值，属于金融消费的范畴。因此，金融服务原则上适用《消费者权益保护法》。同时，《消费者权益保护法》适用于该领域，并不妨碍《商业银行法》《银行业监督管理法》等相关法律对该领域的其他具体问题作出规定。

2. 医疗、教育服务是否适用本法

医疗、教育服务的情况比较复杂。医疗领域中的强制治疗、紧急救治等情形属于医院的法定义务，不属于交易关系；教育领域中的义务教育具有公益性、义务性、不可交易性等特点，也不属于交易关系；医疗美容服务、培训教育等情形则完全按市场化运作。因此，一概规定这些领域适用或者不适用《消费者权益保护法》都不妥当。这些领域的某一活动是否适用本法，宜在实践中根据具体情况，判断是否属于本法规定的“为生活消费需要”的交易行为，符合这个要件的，原则上就应当适用《消费者权益保护法》。

第三条 【调整范围之经营者】经营者为消费者提供其生产、销售的商品或者提供服务，应当遵守本法；本法未作规定的，应当遵守其他有关法律、法规。

条文注释

本条是关于《消费者权益保护法》调整范围之经营者的规定。

---

① 条文注释为编者所加，仅供参考，下同。——编者注

根据本条规定,经营者具有以下几个特征:

(1)从内涵上讲,经营者是从事生产、销售商品或者提供服务等经营活动的民事主体。根据我国现行法律规定,经营者通常是为从事一定的商业经营活动而存在的。例如,公司作为经营者,其营业执照上通常会列明经营范围,其存在的目的就是从事经营范围内的活动。制造某些商品,销售包括批发、零售某些商品,或直接提供某种服务,从事其中任何一种经营性的行为就可视为经营者。例如,商业银行提供金融服务。此外,经营者从事生产、销售商品或者提供服务应具有持续性,偶尔零星地出售商品或者提供服务的,不宜认定为经营者。

(2)经营者从事的行为是有偿的。从事的行为是否具有有偿性是判断某一主体是否为经营者的主要标准。也正是因为经营者从事的行为具有有偿性,决定了其应当对消费者负有较高的注意义务,承担较重的法律责任。从事无偿行为的,通常不应视为本法所指的经营者,但是,某一商场若为了商品促销的需要,在向消费者出售商品的同时附赠赠品的,其实质仍是有偿的经营行为,仍应视为本法所指的经营者。

(3)从外延上看,本法规定的经营者不以公司等企业法人为限,凡是持续有偿地向消费者从事了商品生产、销售或者提供服务的法人、其他组织和自然人,均可成为本法规定的经营者。

关联法规

《反不正当竞争法》第2条

第四条 【交易原则】经营者与消费者进行交易,应当遵循自愿、平等、公平、诚实信用的原则。

条文注释

本条是关于经营者与消费者交易应遵循的原则的规定。

根据本条规定,经营者与消费者进行交易应当遵循以下4个原则。

1. 自愿原则

自愿原则体现了民事活动的基本特征,是民事法律关系区别行政法律关系、刑事法律关系的特有原则。自愿原则意味着经营者在交易活动中应当充分尊重消费者自主选择商品或者服务的权利。消费者在交易活动中有权自主自愿地进行交易活动,根据自己的知识、认识和判断,自主选择提供商品或者服务的经营者,自主选择商品的品种或者服务方式,自主决定购买或者不购买任何一种商品、接受或者不接受任何一项服务。

2. 平等原则

平等原则是指在交易过程中经营者与消费者是平等主体,没有高低贵贱之分,也不具有支配和被支配、隶属和被隶属的关系,无论是消费关系的产生、变更和消灭,经营者都必须与消费者平等协商,不得将自己的意愿强加给消费者,更不得以强迫、命令、胁迫等手段要求消费者进行交易活动。强调平等原则在当前的消费环境中显得尤为必要。

3. 公平原则

公平原则要求经营者与消费者之间的权利和义务要公平合理,达到大体平衡。根据公平原则,经营者在与消费者订立合同时要根据公平原则确定双方的权利和义务,不得滥用权利,不得欺诈,不得假借订立合同恶意进行磋商;要根据公平原则确定风险的合理分配;要根据公平原则确定违约责任。消费者在购买商品或者接受服务时,有权获得质量保障、价格合理、计量正确等公平交易条件,有权拒绝经营者的强制交易行为。考虑到与经营者相比,消费者作为个体,在经济条件、技术实力和信息占有等方面都处于明显的劣势,本法注重实质平等、实质公平,强调对消费者的倾斜保护。

4. 诚实信用原则

诚实信用原则要求经营者与消费者进行交易时都要诚实,讲信用,相互协作。其具体表现包括:第一,在订立合同时,双方不得有欺诈或者其他违背诚实信用原则的行为;第二,在履行义务的过程中,经营者应当遵循诚实信用原则,根据交易的性质、目的和交易习惯履行及时通知、信息告知、协助、提供必要的条件、采取召回防止损失扩大、对消费者个人信息保密等义务;第三,在交易终止后,经营者也应当遵循该原则,根据法律、法规规定和交易习惯履行通知、协助、保密等义务。

关联法规

《民法典》第 4~7 条

第五条　【国家对消费者的保护】国家保护消费者的合法权益不受侵害。

国家采取措施,保障消费者依法行使权利,维护消费者的合法权益。

国家倡导文明、健康、节约资源和保护环境的消费方式,反对浪费。

条文注释

本条是关于国家保护消费者责任的规定。

本条共分 3 款。第 1 款明确规定了国家保护消费者的合法权益不受侵害的职责,是国家保护消费者合法权益的原则性规定,本法的其他规定和《食品安全法》《产品质量法》等其他法律中关于国家机关承担的各项保护消费者权益的职责是本规定的具体展开。第 2 款规定,国家采取措施,保障消费者依法行使权利,维护消费者的合法权益。这既包括国家从立法层面为消费者提供充分的维权手段,也包括政府和相关行政机关采取行政措施主动保护消费者合法权益。各级人民政府、行政管理部门应当依照法律、法规的规定,在各自的职责范围内,采取措施,保护消费者的合法权益,应当听取消费者及其社会团体对经营者交易行为、商品和服务质量问题的意见,及时调查处理。第 3 款规定,国家倡导文明、健康、节约资源和保护环境的消费方式,反对浪费。该规定是为了充分发挥立法的引领和推动作用,引导整个社会形成良好的消费方式和消费习惯。

第六条 【社会对消费者的保护】保护消费者的合法权益是全社会的共同责任。

国家鼓励、支持一切组织和个人对损害消费者合法权益的行为进行社会监督。

大众传播媒介应当做好维护消费者合法权益的宣传，对损害消费者合法权益的行为进行舆论监督。

条文注释

本条是关于全社会共同保护消费者合法权益原则的规定。

从实践情况看，大众传播媒体在消费者保护方面的工作主要有：(1)宣传保护消费者权益的法律、法规，使消费者了解其权利以及行使和维护自身的权利；(2)宣传有关商品和服务，使消费者了解商品和服务的正确使用方法，防止危害的发生，对消费者的消费行为进行适当的引导与建议；(3)反映消费者的意见、建议和投诉；(4)对经营者损害消费者合法权益的行为进行曝光，公布不合格的商品与服务，避免更多的消费者上当受骗、蒙受损失；(5)监督政府的工作，呼吁政府重视对损害消费者利益行为的处理。总之，大众传播媒介既可以是正面报道，也可以是反面揭露，其形式可以根据媒介的特点和实际需要来确定。

关联法规

《食品安全法》第4、10条

第二章 消费者的权利

第七条 【安全保障权】消费者在购买、使用商品和接受服务时享有人身、财产安全不受损害的权利。

消费者有权要求经营者提供的商品和服务，符合保障人身、财产安全的要求。

条文注释

本条是关于消费者人身财产安全权的规定。

消费者人身财产安全权，是消费者在购买、使用商品和接受服务时，享有人身、财产安全不受损害的权利。人身财产安全权是消费者最基本的人身权利，主要包括生命健康安全权和财产安全权。消费者的生命健康安全权，是消费者的生命健康不受损害的权利，是要求经营者提供的商品和服务，符合保障人身、财产安全要求的权利。财产安全权，是消费者在购买、使用商品和接受服务时享有财产安全不受损害的权利，是要求经营者提供的商品和服务，符合保障财产安全要求的权利。

本法对经营者在保障消费者人身财产安全权的义务和责任方面作了相应规定，以惩治违法经营行为，并遏制这种行为再度发生：

(1)经营者应当保证其提供的商品或者服务符合保障人身、财产安全的要求。对可能危及人身、财产安全的商品和服务，应当向消费者作出真实的说明和明确的警示，并说明和标明正确使用商品或者接受服务的方法以及防止危害发生的方法。

(2)经营者发现其提供的商品或者服务存在缺陷，有危及人身、财产安全危险的，应当立即向有关行政部门报告和告知消费者，并采取停止销售、警示、召回、无害化处理、销毁、停止生产或者服务等措施。采取召回措施的，经营者应当承担消费者因商品被召回支出的必要费用。

(3)宾馆、商场、餐馆、银行、机场、车站、港口、影剧院等经营场所的经营者，应当对消费者尽到安全保障义务。

关联法规

《民法典》第1198条

《产品质量法》第26~28条

第八条 【知悉权】消费者享有知悉其购买、使用的商品或者接受的服务的真实情况的权利。

消费者有权根据商品或者服务的不同情况,要求经营者提供商品的价格、产地、生产者、用途、性能、规格、等级、主要成份、生产日期、有效期限、检验合格证明、使用方法说明书、售后服务,或者服务的内容、规格、费用等有关情况。

条文注释

本条是关于消费者购买、使用商品或者接受服务知情权的规定。

(1)消费者购买、使用商品或者接受服务的知情权,是消费者在购买、使用商品或者接受服务时享有知悉商品或者服务的真实情况的权利。消费者有权根据商品或者服务的不同情况,要求经营者提供以下商品或者服务的情况和信息:

一是商品或者服务的基本情况,包括商品的价格、产地、生产者、生产日期、有效期限、检验合格证明、使用方法说明书、售后服务或者服务的内容、费用等。

二是商品的性质状况等基本情况,包括商品用途、性能、规格、等级、主要成份或者服务的规格等。

(2)在商品或者服务信息的了解和掌握方面,消费者与经营者相比处于弱势地位,往往依赖于经营者的提供与说明。为了保护消费者购买、使用商品或者接受服务的知情权,本法对经营者向消费者提供真实、全面的情况和信息的义务以及虚假宣传的法律责任作了规定。

一是经营者向消费者提供有关商品或者服务的质量、性能、用途、有效期限等信息,应当真实、全面,不得作虚假或者引人误解的宣传。经营者对消费者就其提供的商品或者服务的质量和使用方法等问题提出的询问,应当作出真实、明确的答复。经营者提供商品或者服务应当明码标价。

二是经营者应当标明其真实名称和标记。租赁他人柜台或者场地的经营者,应当标明其真实名称和标记。

三是经营者在经营活动中使用格式条款的,应当以显著方式提醒消费者注意商品或者服务的数量和质量、价款或者费用、履行期限和方式、安全注意事项和风险警示、售后服务、民事责任等与消费者有重大利害关系的内容，并按照消费者的要求予以说明。

四是采用网络、电视、电话、邮购等方式提供商品或者服务的经营者，以及提供证券、保险、银行等金融服务的经营者，应当向消费者提供经营地址、联系方式、商品或者服务的数量和质量、价款或者费用、履行期限和方式、安全注意事项和风险警示、售后服务、民事责任等信息。

五是消费者因经营者利用虚假广告或者其他虚假宣传方式提供商品或者服务，其合法权益受到损害的，可以向经营者要求赔偿。广告经营者、发布者不能提供经营者的真实名称、地址和有效联系方式的，应当承担赔偿责任。广告经营者、发布者设计、制作、发布关系消费者生命健康的商品或者服务的虚假广告，造成消费者损害的，应当与提供该商品或者服务的经营者承担连带责任。社会团体或者其他组织、个人在关系到消费者生命健康的商品或者服务的虚假广告或者其他虚假宣传中向消费者推荐商品或者服务，造成消费者损害的，应当与提供该商品或者服务的经营者承担连带责任。

关联法规

《产品质量法》第22条

《广告法》第4、8、28条

《食品安全法》第67~73条

《中国公民出国旅游管理办法》第12条

第九条 【自主选择权】消费者享有自主选择商品或者服务的权利。

消费者有权自主选择提供商品或者服务的经营者，自主选择商品品种或者服务方式，自主决定购买或者不购买任何一种商品、接受或者不接受任何一项服务。

消费者在自主选择商品或者服务时，有权进行比较、鉴别和挑选。

条文注释

本条是关于消费者自主选择商品或者服务的权利的规定。

按照本条规定,消费者自主选择商品或者服务的权利主要有四个方面:

(1)自主选择提供商品或者服务的经营者。对于消费者选择哪个经营者发生消费法律关系,任何人不得强迫。法律明令禁止侵害消费者自主选择经营者的权利,比如,《旅游法》第35条中规定,旅行社组织、接待旅游者,不得指定具体购物场所。

(2)自主选择商品品种或者服务方式。消费的目的是满足消费者的生活需要,该需要能否得到满足,取决于消费者对于商品品种或者服务方式能否进行选择。只有让消费者在种类繁多、性能各异的商品或者服务中作出充分的选择,消费需求才能得到真正满足。当然,尊重消费者对于商品品种或者服务方式的选择权,并不意味着经营者不能在众多商品或者服务中推荐质优价廉、更符合消费者消费意愿的商品或者服务,但这种推荐不能构成对消费者选择商品品种或者服务方式的限制和剥夺。

(3)自主选择是否购买商品或者接受服务。消费源于需求,没有需求自然不会有消费的意愿和冲动,因此,是否愿意购买商品或者接受某种服务,应当由消费者自主决定。法律明令禁止强买强卖的行为,比如,《旅游法》第35条中规定,旅行社组织者、接待旅游者,不得安排另行付费旅游项目。《治安管理处罚法》第46条规定,强买强卖商品,强迫他人提供服务或者强迫他人接受服务的,处5日以上10日以下拘留,并处200元以上500元以下罚款;情节较轻的,处5日以下拘留或者500元以下罚款。

(4)对商品或者服务进行比较、鉴别和挑选。消费者只有对商品或者服务进行比较、鉴别和挑选后才能知道哪种商品或者服务在性价比方面令消费者满意。

关联法规

《旅游法》第35条

《治安管理处罚法》第46条

第十条 【公平交易权】消费者享有公平交易的权利。

消费者在购买商品或者接受服务时,有权获得质量保障、价格合理、计量正确等公平交易条件,有权拒绝经营者的强制交易行为。

条文注释

本条是关于消费者公平交易权的规定。

按照本条规定,消费者的公平交易权主要体现在:

(一)交易条件公平

所谓交易条件公平,主要指经营者与消费者遵循诚实信用原则,共同协作,在合理条件下进行交易。经营者提供的商品或者服务的质量合格、价格合理、计量正确,消费者在可以接受的交易条件中,付出货币交换等价的商品或者服务,达到预期的消费目的。保障交易条件公平,必须做到:

1. 商品或者服务的质量合格

所谓商品或者服务的质量合格:一是指商品或者服务应当符合下列要求:(1)不存在危及人身、财产安全的不合理的危险,有保障人体健康和人身、财产安全的国家标准、行业标准的,应当符合该标准;(2)除对商品存在使用性能的瑕疵作出说明外,具备商品应当具备的使用性能;(3)符合在商品或者其包装上注明采用的商品标准,符合以商品说明、实物样品等方式表明的质量状况。二是指商品或者其包装上的标识必须真实,并符合下列要求:(1)有产品质量检验合格证明;(2)有中文标识的产品名称、生产厂厂名和厂址;(3)根据产品的特点和使用要求,需要标明产品规格、等级、所含主要成份的名称和含量的,用中文予以标明;需要事先让消费者知晓的,应当在外包装上标明,或者预先向消费者提供有关资料;(4)限期使用的产品,应当在显著位置清晰地标明生产日期和安全使用期限或者失效日期;(5)除裸装的食品和其他根据产品的特点难以附加标识的裸装产品外,对使用不当,容易造成产品本身损坏或者可能危及人身、财产安全的产品,应当有警示标志或者中文警示说明;(6)易碎、易燃、易爆、有毒、有腐蚀性、有放射性等危险物品以及储运中不能倒置和其他有特殊要求的产品,其包装质量必须符合相应要求,依照国家有关规定作出警示标志或者中文警示说明,标明储运注意事项。三是指商品或者服务不违反国家有关产品质量保证的强制性规定。包括:(1)商品不得是国家明令淘汰的或者失效、变质的;(2)商品的产地不得是伪造的,不得伪造或者冒用他人的厂名、厂址的;(3)商品的名优标志、认证标志等质量标志不得是伪造或者冒用的;(4)商品不得是掺杂、掺假,以假充真、以次充好的;(5)不得是以不合格商品冒充合格的商品的;(6)销售的商品不得是应当检验、检疫而未检验、检疫或者伪造检验、检疫结果的。

2. 商品或者服务的价格合理

价格合理充分地体现了等价交换的原则。经营者销售、收购商品和提供服务,应当按照价格主管部门的规定明码标价,注明商品的品名、产地、规格、等级、计价单位、价格或者服务的项目、收费标准等有关情况。不得在标价之外加价出售商品,不得收取任何未予标明的费用。不得有下列不正当价格行为:(1)相互串通,操纵市场价格,损害消费者的合法权益;(2)捏造、散布涨价信息,哄抬价格,推动商品价格过高上涨的;(3)利用虚假的或者使人误解的价格手段,诱骗消费者与其进行交易;(4)采取抬高等级的手段销售商品或者提供服务,变相提高价格;(5)违反法律、法规的规定牟取暴利;(6)其他法律、行政法规禁止的不正当价格行为。由经营者自由确定商品或者服务价格的,该价格的制定应当遵循公平、合法和诚实信用原则,定价的基本依据应当是生产经营成本和市场供求状况,符合成本加合理利润的价值规律,不应当以市场调节为幌子,任意宰割消费者。经营者因价格违法行为致使消费者多付价款的,应当退还多付部分;造成损害的,应当依法承担赔偿责任。

3. 商品或者服务的计量正确

计量的准确性直接涉及消费者的经济利益。经营者应当准确计量提供的商品或者服务的数量、重量、长度、面积、体积、用材、时间等,不得故意使用不准确的计量器具,缺斤短两,不得超量计算提供服务的时间，夸大付出的成本，欺骗消费者付出本不应当付出的金钱，损害消费者的利益。

（二）有权拒绝经营者的强制交易行为

衡量一项交易是否公平，还包括在交易过程中，当事人是否出于自愿，有无强制性交易或者歧视性交易的行为，消费者是否得到实际上的满足或者心理的满足等。实践中，有的经营者在掌握了人们非常需要而又十分紧俏的商品或服务时，违反平等自愿、公平交易的市场准则，违背消费者的意愿强制交易，从而损害了消费者自主选择商品或者服务的权利，侵害了消费者的合法权益。因此，消费者在自己的公平交易权受到侵害时，有权依法要求经营者改正错误，提供质量合格、价格合理、计量正确的服务，有权拒绝经营者的强制交易行为。

关联法规

《产品质量法》第26~39条

《价格法》第6~7、12~17条

《旅游法》第9条

第十一条 【获得赔偿权】消费者因购买、使用商品或者接受服务受到人身、财产损害的，享有依法获得赔偿的权利。

条文注释

本条是关于消费者损害赔偿请求权的规定。

消费者因购买、使用商品或者接受服务受到的人身损害包括生命权、身体权、健康权、姓名权、肖像权、名誉权、隐私权等的损害。例如，消费者因购买、使用经营者提供的不符合质量要求的商品或者服务导致死亡、伤残；消费者在消费过程中遭到谩骂、污辱；消费者的身体被搜查；消费者不愿公开或让他人知悉的个人秘密、个人信息被公开或者提供给他人；消费者的民族习惯没有得到尊重；等等。

消费者因购买商品或者接受服务受到的财产损害包括：金钱、时间、可得利益等损害。例如，消费者购买假冒伪劣或者缺斤短两商品花出的冤枉钱;消费者因产品质量不合格导致生命健康受到损害后支出的丧葬费、医疗费、护理费、交通费等治疗和康复费用,残疾生活辅助具费,以及因误工减少的收入;消费者因退换不合格商品支出的交通费及误工损失;消费者因提供的商品或者服务无法使用而寻找替代物支出的费用;消费者因金融服务经营者没有履行风险警示义务导致资产减损;等等。

需要说明的是,本条虽然规定的求偿主体是因购买、使用商品或者接受服务受到人身、财产损害的消费者,但依照本法第40条、第49条和第51条的规定,这里的"消费者"应当做广义的理解。本条的消费者,既包括购买、使用商品或者接受服务的消费者本人,如食用自己买来的变质食品而中毒,去浴池洗澡被烫伤等;也包括没有购买商品却使用商品的消费者,如某消费者使用其子女买回来的电冰箱而触电受伤;还应当包括既未购买商品,也未直接使用商品的第三人,如消费者去邻居家串门,被邻居家的彩电爆炸炸伤。在上述消费者中虽然有些人并不是商品的购买者或使用者,也不是接受服务者,但他们受到的损害却都是由于购买、使用该种商品或者接受该项服务引起的,因此,这些人也应享有损害赔偿请求权。

关联法规

《民法典》第582、1179、1202~1207条

《产品质量法》第40~44条

《食品安全法》第148条

《中国公民出国旅游管理办法》第24条

第十二条 【结社权】消费者享有依法成立维护自身合法权益的社会组织的权利。

条文注释

本条是关于消费者享有依法成立消费者保护社会组织权利的规定。

消费者为了维护自身的合法权益,有权依照法律规定成立消费

者保护社会组织。成立社会组织应当具备一定的条件,如所需要的会员人数,规范的名称和相应的组织机构,固定的场所,有与其业务相适应的专职工作人员,有合法的资产和经费来源,有独立承担民事责任的能力,经向民政部门申请登记成立。

目前,我国消费者权益保护的社会组织主要是中国消费者协会和各地方设立的消费者协会。

依法成立的社会组织应当依照法律和有关规定开展活动,履行保护消费者合法权益的职能。本法第30、32、36~38条对消费者组织所应开展的活动和要求作了规定,主要包括:(1)在有关规范性文件的制定中参与意见;(2)向有关行政部门反映消费者意见;(3)对商品和服务进行社会监督;(4)依法开展保护消费者合法权益的活动;(5)不得以牟利方式推荐商品和服务。

第十三条　【消费知识获取权】消费者享有获得有关消费和消费者权益保护方面的知识的权利。

消费者应当努力掌握所需商品或者服务的知识和使用技能,正确使用商品,提高自我保护意识。

条文注释

本条是关于消费者获取权益保护方面知识的规定。

1. 消费者享有消费知识获取的权利

消费知识获取权是从知情权中引申出来的一种消费者权利,只有保障消费者对于商品以及服务方面的知识获取权利,才能使消费者了解和掌握商品及其服务的基本知识和使用技能,理性消费,保护合法权益。

消费者的消费一般包括两个方面:一是购买,二是使用。在购买商品或者服务时,消费者需要在对商品或者服务的用途、性能、质量、效果、有效期限等基本问题有概括性了解的情况下决定是否购买;消费者使用商品则需要对正确使用的方法、保管与维修等方面的知识有所了解。

2. 消费者应当主动学习消费知识提高自我保护意识

为了达到保护消费者合法权益的目的，国家通过宣传、教育，提高消费者对于商品或者服务的认知能力，同时，以法律的形式规定经营者有义务向消费者提供所经营的商品或者服务的真实、全面的信息，但这都是营造消费者提高消费能力的外在因素，还需要消费者自觉、有意识地学习掌握消费知识，提高自身保护的能力，减少盲目消费、冲动消费、不当使用商品等，只有做到明明白白、清清楚楚地消费，才能更好地达到合法权益受到保护的目的。

第十四条 【受尊重权】消费者在购买、使用商品和接受服务时，享有人格尊严、民族风俗习惯得到尊重的权利，享有个人信息依法得到保护的权利。

条文注释

本条是关于消费者有权受到尊重及个人信息得到保护的规定。

1. 消费者享有人格尊严受到尊重的权利

人格尊严是人身权的重要内容，涉及姓名权、名誉权、荣誉权、肖像权、隐私权等方面。人格尊严受到尊重是消费者应当享有的基本权利。法律明确规定消费者的人格尊严受到保护，侵害消费者人格尊严的，应当承担法律责任。

2. 消费者享有民族风俗习惯受到尊重的权利

我国各民族间存在风土人情、饮食习惯、居住方式、衣着服饰、婚丧嫁娶、礼节禁忌等诸多的不同，而这些均与消费密切相关。尊重民族风俗习惯，尤其是少数民族的风俗习惯，就是尊重民族感情、民族尊严，这是涉及民族平等、民族团结的大事情，尊重民族风俗习惯，保护少数民族消费者的合法权益有着重要的意义。因此，本法规定消费者在购买、使用商品和接受服务时享有民族风俗习惯得到尊重的权利。

3. 消费者享有个人信息得到保护的权利

本法有关个人信息保护的重点在于调整经营者在收集、处理众多消费者个人信息中的义务，如要求经营者依法收集、合理使用、安全防护、禁止或者限制披露等。

法律规定消费者享有个人信息依法得到保护的权利。任何组织、个人不得非法收集、使用、加工、传输他人个人信息，不得非法买卖、提供或者公开他人个人信息。

关联法规

《个人信息保护法》第10、44条

第十五条 【监督权】消费者享有对商品和服务以及保护消费者权益工作进行监督的权利。

消费者有权检举、控告侵害消费者权益的行为和国家机关及其工作人员在保护消费者权益工作中的违法失职行为，有权对保护消费者权益工作提出批评、建议。

条文注释

本条是关于消费者享有监督权的规定。

监督权是安全保障权、知情权、自主选择权、公平交易权、获取赔偿权、结社权、获得相关知识权、受尊重权等权利的必然延伸，对消费者权利的实现至关重要。这种监督权表现在以下几个方面：一是有权对经营者进行监督，有权检举、控告侵害消费者权益的行为；二是有权对国家机关及其工作人员进行监督，有权检举、控告在保护消费者权益工作中的违法失职行为；三是有权对保护消费者权益工作提出批评、建议。

关联法规

《宪法》第2、41条

《产品质量法》第10条

第三章　经营者的义务

第十六条　【守法义务】经营者向消费者提供商品或者服务，应当依照本法和其他有关法律、法规的规定履行义务。

经营者和消费者有约定的，应当按照约定履行义务，但双方的约定不得违背法律、法规的规定。

经营者向消费者提供商品或者服务，应当恪守社会公德，诚信经营，保障消费者的合法权益；不得设定不公平、不合理的交易条件，不得强制交易。

条文注释

本条是关于经营者向消费者提供商品或者服务，应当依法守信，恪守社会公德的规定。

本条第1款规定了经营者依法履行义务的原则。目前，我国形成了较为完善的消费者权益保护法律体系。在法律层面，不仅有《消费者权益保护法》，还有其他多部法律的规定中含有消费者权益保护方面的内容，如《民法典》《产品质量法》《食品安全法》《药品管理法》《广告法》《旅游法》《商业银行法》《保险法》等。《直销管理条例》《乳品质量安全监督管理条例》《食品安全法实施条例》《缺陷汽车产品召回管理条例》等行政法规与消费者权益保护密切相关。各省、自治区、直辖市在《消费者权益保护法》实施后，根据本地的实际情况，制定了相关条例或者实施办法等地方性法规。有关部门颁布的政府规章，如《食品召回管理办法》《微型计算机商品修理更换退货责任规定》《移动电话机商品修理更换退货责任规定》《家用汽车产品修理更换退货责任规定》等，都是相关法律、法规的配套规定。

本条第2款规定了经营者依照与消费者的约定履行义务的原则。经营者和消费者之间的约定，就是双方的合同。《民法典》第

465条规定，依法成立的合同，受法律保护，对当事人具有法律约束力。经营者应当按照约定履行义务。例如，经营者承诺“假一罚十”，消费者信赖其承诺购买了商品，买卖双方之间就有了这个关于加倍赔偿的协议。事后证明该商品确是假货，经营者就应当依照与消费者的约定履行义务，即“假一罚十”，而不能主张依照本法第55条的规定“罚三”。依照本款，双方的约定不得违背法律、法规的规定，主要是指双方的约定不得违背法律、法规的强制性规定。

本条第3款规定，经营者向消费者提供商品或者服务，应当恪守社会公德，诚信经营，保障消费者的合法权益；不得设定不公平、不合理的交易条件，不得强制交易。这样规定的目的，使经营者不仅要受到法律和合同的约束，同时也要受社会公德和诚实经营的商业道德准则的约束。

关联法规

《民法典》第465条

第十七条 【接受监督义务】经营者应当听取消费者对其提供的商品或者服务的意见，接受消费者的监督。

条文注释

本条是关于经营者接受消费者监督义务的规定。

消费者对经营者的监督是全方位的，可以分为以下三类：一是商品或者服务本身存在的问题，包括商品或者服务是否符合国家规定或者双方约定的质量要求，是否存在价格违法行为等；对可能危及人身、财产安全的商品或者服务，是否有明确的警示，是否标明正确的使用方法、防止危害发生的方法等。二是经营者在提供商品或者服务过程中的行为，包括经营者是否尽到信息提供义务，提供的商品或者服务的质量、性能、用途、有效期限等信息，是否真实、全面，是否存在虚假宣传行为；宾馆、商场、餐馆、银行、机场、车站、港口、影剧院等经营场所的经营者，是否对消费者尽到安全保障义务；是否存在侵害消费者人格尊严或者限制消费者人身自由的行为；是否有侵害消费者个人信息的行为等。三是后续义务履行或者民事责任承担问题,包括经营者是否拒绝或者拖延对缺陷商品或者服务采取停止销售、警示、召回、无害化处理、销毁、停止生产或者服务等措施,对消费者提出的修理、重作、更换、退货、补足商品数量、退还货款和服务费用或者赔偿损失的要求,是否故意拖延或者无理拒绝。

第十八条 【保障消费者安全义务】经营者应当保证其提供的商品或者服务符合保障人身、财产安全的要求。对可能危及人身、财产安全的商品和服务,应当向消费者作出真实的说明和明确的警示,并说明和标明正确使用商品或者接受服务的方法以及防止危害发生的方法。

宾馆、商场、餐馆、银行、机场、车站、港口、影剧院等经营场所的经营者,应当对消费者尽到安全保障义务。

条文注释

本条是关于经营者保障消费者人身和财产安全义务的规定。

安全保障义务,是指这些经营场所的经营者负有的在合理限度范围内保护他人人身和财产安全的义务。理解安全保障义务,需注意以下问题:

(1)安全保障义务人的范围。本条是根据本法规定的调整范围确定安全保障义务人的范围,即经营场所的经营者。需要明确的是,本条规定的安全保障义务主体不仅仅限于此条款列举的经营场所的经营者。

(2)保护对象的范围。本条根据本法的调整范围将经营者安全保障义务的对象规定为消费者,即本法仅调整经营者与消费者之间的安全保障义务,经营者与消费者之外的其他人安全保障法律关系由《民法典》等其他法律调整。

(3)安全保障义务的内容和判断标准。由于安全保障义务人的范围很广,涉及多个行业、多类主体,不同义务人对不同保护对象所负有的安全保障义务是不同的，在法律中无法明确其具体内容。对于实践中需要确定义务人应当负有的具体安全保障义务的内容，进而判断安全保障义务人是否已经尽到安全保障义务的，可以参考该安全保障义务人所在行业的普遍情况、所在地区的具体条件、所组织活动的规模等各种因素，从侵权行为的性质和程度、义务人的保障能力以及发生侵权行为前后所采取的防范、制止侵权行为的措施状况等方面，根据实际情况综合判断。

关联法规

《民法典》第 1198 条

《产品质量法》第 13、26～28 条

《娱乐场所管理条例》第 20～21 条

《旅游法》第 50、80 条

第十九条　【缺陷信息报告、告知义务】经营者发现其提供的商品或者服务存在缺陷，有危及人身、财产安全危险的，应当立即向有关行政部门报告和告知消费者，并采取停止销售、警示、召回、无害化处理、销毁、停止生产或者服务等措施。采取召回措施的，经营者应当承担消费者因商品被召回支出的必要费用。

条文注释

本条是关于经营者发现商品或者服务存在缺陷应当采取措施义务的规定。

本条规定的主要目的，是明确经营者对其提供的商品或者服务跟踪服务的义务，要求经营者对投入流通后的商品不能撒手不管，应当跟踪服务，发现存在缺陷的，应当及时采取措施，最大限度地避免消费者人身、财产损害，保护消费者的合法权益。

首先，适用本条的前提条件是经营者发现提供的商品或者服务存在缺陷。本条所指的缺陷，根据《产品质量法》第 46 条的规定，是指产品存在危及人身、他人财产安全的不合理的危险；产品有保障人体健康和人身、财产安全的国家标准、行业标准的，是指不符合该标准。

其次,本条规定了在此种情况下经营者应当立即向有关行政部门报告和告知消费者。向有关行政部门报告,主要是向市场监督管理部门报告。告知消费者的方式,经营者可以根据消费者的人数以及实际情况灵活掌握,以尽最大可能让处于人身、财产安全危险的消费者知道危险的存在和预防危险发生的处理方法为原则。

再次,本条规定了在此种情况下经营者应当采取的具体措施,包括停止销售、警示、召回、无害化处理、销毁、停止生产或者服务等措施。本条规定的这些措施,都是经营者为了避免对消费者人身、财产安全造成危害主动应当采取的措施,与行政部门行政处罚时责令采取召回措施存在区别。需要注意的是,在上述情况发生时,经营者可以根据商品的不同性能、特点、作用、缺陷的状况、损害发生的概率等情况采取这些具体措施的一项或者多项,防止损害发生或者进一步扩大,避免对消费者人身、财产安全造成危害。

最后,本条规定,采取召回措施的,经营者应当承担消费者因商品被召回支出的必要费用。需要注意的是,本条规定经营者应当承担的是因商品被召回支出的必要费用,而不是所有费用。消费者配合经营者召回采取的方式和支出的费用应选择经济的、符合实际需要的必要费用。

关联法规

《民法典》第 1206 条

《产品质量法》第 46 条

第二十条 【真实信息告知义务】经营者向消费者提供有关商品或者服务的质量、性能、用途、有效期限等信息,应当真实、全面,不得作虚假或者引人误解的宣传。

经营者对消费者就其提供的商品或者服务的质量和使用方法等问题提出的询问,应当作出真实、明确的答复。

经营者提供商品或者服务应当明码标价。

条文注释

本条是关于经营者提供商品或者服务真实、全面信息义务的规定。

(1)经营者向消费者提供信息应当真实、全面。经营者向消费者提供有关商品或者服务的质量、性能、用途、有效期限等信息，应当真实、全面，不得作虚假或者引人误解的宣传。

(2)经营者对消费者就其提供的商品或者服务的质量和使用方法等问题提出的询问，应当作出真实、明确的答复。经营者除应当主动向消费者提供商品和服务真实、全面的信息外，对于消费者提出的关于商品或者服务的质量和使用方法等询问，也应当积极回应，作出真实、明确的答复，有助于消费者全面准确地获取商品或者服务的信息，从而正确地行使选择权。

(3)经营者提供商品或者服务应当明码标价。商品或者服务价格的真实性和合理性直接关系到消费者合法权益的维护。价格信息是消费者决定是否消费的重要信息，经营者提供商品或者服务应当明码标价。

第二十一条 【真实名称和标记义务】经营者应当标明其真实名称和标记。

租赁他人柜台或者场地的经营者，应当标明其真实名称和标记。

条文注释

本条是关于经营者标明真实名称和标记义务的规定。

首先，经营者应当标明其真实名称和标记。我国其他法律对经营者的此种义务也作过类似规定。《产品质量法》第27条规定，产品或者其包装上的标识必须真实，并有产品质量检验合格证明，有中文标明的产品名称、生产厂厂名和厂址。《食品安全法》第67条规定，预包装食品的包装上应当有标签，标签应当标明生产者的名称、地址、联系方式。

其次，租赁他人柜台或者场地的经营者，应当标明其真实名称和标记。在经济交易中，租赁他人柜台或者场地提供商品或者服务已经成为很多经营者从事经营行为的重要方式。有的经营者租赁信誉较好的柜台或者场地，出于经济利益的考虑，故意不使用自己的名称和标记，甚至直接使用出租者的名称或标记，使消费者误认为出租人为提供商品或者服务的经营者，影响消费者的正确判断和选择。因此，本条规定，经营者租赁他人柜台或者场地进行经营的，应当标明其真实名称和标记。

关联法规

《产品质量法》第27条

《食品安全法》第67条

第二十二条　【出具单据义务】经营者提供商品或者服务，应当按照国家有关规定或者商业惯例向消费者出具发票等购货凭证或者服务单据；消费者索要发票等购货凭证或者服务单据的，经营者必须出具。

条文注释

本条是关于经营者出具发票等购货凭证或者服务单据义务的规定。

发票等购货凭证或者服务单据，是经营者在履行合同义务后向消费者出具的证明合同履行完毕的书面凭证，一般的表现形式有发票、收据、小票、门票等。发票等购货凭证或者服务单据具有证明合同存在和履行、税务管理、账目管理等多种功能，不仅是经营者与消费者之间合同关系的最直接的证明，更是商品或者服务出现质量问题、消费者合法权益受到损害时主张权利的证据。

经营者提供商品或者服务，应当按照国家有关规定或者商业惯例向消费者出具发票等购货凭证或者服务单据。《发票管理办法》第19条规定，销售商品、提供服务以及从事其他经营活动的单位和个人，对外发生经营业务收取款项，收款方应当向付款方开具发票。

消费者索要发票等购货凭证或者服务单据的，经营者必须出具。《发票管理办法》第20条规定，所有单位和从事生产、经营活动的个人在购买商品、接受服务以及从事其他经营活动支付款项，应当向收款方取得发票。取得发票时，不得要求变更品名和金额。

关联法规

《发票管理办法》第19、20条

第二十三条　【质量保证义务】经营者应当保证在正常使用商品或者接受服务的情况下其提供的商品或者服务应当具有的质量、性能、用途和有效期限；但消费者在购买该商品或者接受该服务前已经知道其存在瑕疵，且存在该瑕疵不违反法律强制性规定的除外。

经营者以广告、产品说明、实物样品或者其他方式表明商品或者服务的质量状况的，应当保证其提供的商品或者服务的实际质量与表明的质量状况相符。

经营者提供的机动车、计算机、电视机、电冰箱、空调器、洗衣机等耐用商品或者装饰装修等服务，消费者自接受商品或者服务之日起六个月内发现瑕疵，发生争议的，由经营者承担有关瑕疵的举证责任。

条文注释

本条是关于经营者保证商品或者服务质量状况的义务、瑕疵举证责任承担的规定。

本条第1、2款是关于经营者保证商品或者服务质量状况义务的规定。商品或者服务的质量状况包括质量、性能、用途和有效期限。经营者提供的商品或者服务的质量状况应当符合双方约定的要求，如果有强制性标准，应当符合该强制性标准。对于约定的方式，经营者和消费者可以以合同书的形式对提供的商品或者服务的质量状况作出约定。但是在消费领域，更多的情况是经营者以广告、产品说明、实物样品或者其他方式表明商品或者服务的质量状况。这些情况都应当视为经营者的承诺，经营者应当按照以广告等形式表明的质量状况提供商品或者服务，不得拒绝或者不适当履行。

消费者在购买商品或者接受服务前已经知道其存在瑕疵的，可以免除经营者相应的质量保证义务。但是,违反法律强制性规定的瑕疵商品或者服务,不得生产销售或者向消费者提供,即使经营者明确告知了消费者,也不能作为经营者免除自身质量保证义务的根据。

为了合理平衡消费者和经营者之间的举证负担,对于经营者提供的机动车、计算机、电视机、电冰箱、空调器、洗衣机等耐用商品或者装饰装修等服务,发现瑕疵,发生争议的,由经营者承担有关瑕疵的举证责任,但同时将起止时间限定为消费者接受商品或者服务之日起6个月内。对于消费者发现的瑕疵,发生争议,由经营者承担有关瑕疵的举证责任,主要指经营者应当举证证明该瑕疵的产生不是由于商品或者服务自身的质量问题,否则即承担败诉的风险。经营者可通过证明商品或者服务本身符合质量要求,或者该瑕疵是由于消费者使用不当或者外部环境因素所造成,或者该瑕疵是商品或者服务的正常损耗等,完成自身的举证责任。消费者在接受商品或者服务之日起6个月后发现的瑕疵,即按照“谁主张,谁举证”的一般原则承担举证责任。

关联法规

《民法典》第615条

第二十四条 【售后服务义务】经营者提供的商品或者服务不符合质量要求的,消费者可以依照国家规定、当事人约定退货,或者要求经营者履行更换、修理等义务。没有国家规定和当事人约定的,消费者可以自收到商品之日起七日内退货;七日后符合法定解除合同条件的,消费者可以及时退货,不符合法定解除合同条件的,可以要求经营者履行更换、修理等义务。

依照前款规定进行退货、更换、修理的,经营者应当承担运输等必要费用。

条文注释

本条是关于经营者承担退货、更换、修理等“三包”义务的规定。

适用本条的前提是“经营者提供的商品或者服务不符合质量要求”，也就是说，经营者提供的商品或者服务存在质量问题。《消费者权益保护法》第25条规定，“经营者采用网络、电视、电话、邮购等方式销售商品，消费者有权自收到商品之日起七日内退货，且无需说明理由”，适用的前提就是不管商品是否存在质量问题，消费者都可以主张无理由退货。

经营者提供的商品或者服务不符合质量要求的，消费者可以依照国家规定、当事人约定退货，或者要求经营者履行更换、修理等义务。这里的“国家规定”，特指国家有关部门颁布的有关商品“三包”的规定。如《部分商品修理更换退货责任规定》《微型计算机商品修理更换退货责任规定》《家用视听商品修理更换退货责任规定》《移动电话机商品修理更换退货责任规定》《固定电话机商品修理更换退货责任规定》《家用汽车产品修理更换退货责任规定》等。这些规章对商品的“三包”期、经营者具体的“三包”义务等都作了明确规定。消费者可以依照这些国家规定退货，或者要求经营者履行更换、修理等义务。此外，经营者和消费者就“三包”问题有约定的，经营者也必须遵守约定，承担相应的义务。

没有国家规定、当事人约定的，消费者可以自收到商品之日起7日内退货。消费者在收到商品之日起7日内，只要是商品不符合质量要求，无论该质量问题是否严重到符合解除合同的条件，都可以要求退货。7日后符合法定解除合同条件的，消费者可以及时退货。如果商品的质量问题并未达到根本违约的程度，即“不符合法定解除合同条件”的，依照本法及《民法典》的有关规定，消费者可以要求经营者承担更换、修理等违约责任。

关联法规

《部分商品修理更换退货责任规定》

《家用汽车产品修理更换退货责任规定》

《微型计算机商品修理更换退货责任规定》

《固定电话机商品修理更换退货责任规定》

《移动电话机商品修理更换退货责任规定》

《家用视听商品修理更换退货责任规定》

第二十五条 【无理由退货义务】经营者采用网络、电视、电话、邮购等方式销售商品，消费者有权自收到商品之日起七日内退货，且无需说明理由，但下列商品除外：

（一）消费者定作的；

（二）鲜活易腐的；

（三）在线下载或者消费者拆封的音像制品、计算机软件等数字化商品；

（四）交付的报纸、期刊。

除前款所列商品外，其他根据商品性质并经消费者在购买时确认不宜退货的商品，不适用无理由退货。

消费者退货的商品应当完好。经营者应当自收到退回商品之日起七日内返还消费者支付的商品价款。退回商品的运费由消费者承担；经营者和消费者另有约定的，按照约定。

条文注释

本条是关于网购、电视电话购物和邮购等领域消费者无理由退货权的规定。

对本条的理解，需要把握以下几个方面：

（1）本条的适用范围。关于无理由退货的适用范围，适用于“经营者采用网络、电视、电话、邮购等方式销售商品”。考虑到设立无理由退货制度的初衷，是解决消费者在特定交易领域因信息不对称而导致的意思表示真实受影响的问题，本条的适用范围应作广义理解，既包括采用网络、电视、电话、邮购等远程方式的销售，也包括上门推销、直销等非固定经营场所的销售。

（2）无理由退货权的行使期限。无理由退货制度赋予消费者的撤销权，并不以缔约时消费者存在重大误解、显失公平或者商品存在瑕疵为前提。本法第24条规定在没有国家规定和双方约定的情况下,消费者可以在收到不符合质量要求的商品或者服务之日起7日内退货;7日后符合法定解除合同条件的,消费者仍然可以及时退货。本条将消费者无理由退货权的行使期限定为7日,规定消费者有权自收到商品之日起7日内退货,且无须说明理由。

(3)关于运费的承担。消费者选择无理由退货的,发生两次运费:第一次是经营者在消费者购买商品后将商品寄送至消费者处产生的首次运费。根据本条的规定,经营者应当自收到退回商品之日起7日内返还消费者支付的商品价款,意味着首次运费由消费者承担,经营者返还的仅是消费者已支付的商品价款,消费者已支付的运费不予返还(经营者承诺包邮的,视为消费者支付的首次运费为零)。第二次是消费者选择无理由退货的,需要将商品寄回经营者处,这就产生了二次运费,也就是退货运费。考虑到消费者与经营者利益关系的平衡,尤其是当前网购实践中消费者已经普遍认可的做法,本条明确规定经营者应当自收到退回商品之日起7日内返还消费者支付的商品价款;退回商品的运费由消费者承担;经营者和消费者另有约定的,按照约定。即消费者无理由退货的,首次运费和退货运费(二次运费)均由消费者承担,但双方另有约定的除外,如约定由经营者承担的,经营者应当履行其承诺。

(4)关于消费者选择退货时需要承担的义务。根据本条的规定,有两项内容:一是支付退货运费,二是保证商品完好。需要说明的是,"商品完好"不仅包括商品未拆封的情况,还包括消费者为检查、试用商品而拆封的情况,只要不是因为消费者的原因造成价值明显贬损的,均属于"商品完好"。

关联法规

《网络购买商品七日无理由退货暂行办法》

第二十六条　【禁止经营者以格式条款等方式免责】经营者在经营活动中使用格式条款的,应当以显著方式提请消费者注意商品或者服务的数量和质量、价款或者费用、履行期限和方式、安全注意事项和风险警示、售后服务、民事责任等与消费者有重大利害关系的内容，并按照消费者的要求予以说明。

经营者不得以格式条款、通知、声明、店堂告示等方式，作出排除或者限制消费者权利、减轻或者免除经营者责任、加重消费者责任等对消费者不公平、不合理的规定，不得利用格式条款并借助技术手段强制交易。

格式条款、通知、声明、店堂告示等含有前款所列内容的，其内容无效。

条文注释

本条是关于消费合同中有关格式条款的规定。

1. 有关经营者使用格式条款时的具体义务

(1)提示说明义务。一是提示说明义务的范围。本条第1款列举了与消费者有重大利害关系的内容。经营者应当提请消费者注意并按照其要求予以说明的内容，包括但不限于本条所列的内容。实践中可以根据具体的交易类型和合同性质进行判断，只要是与消费者有重大利害关系，对其基本权利可能造成影响的内容，经营者都应以显著方式提请消费者注意并按照其要求予以说明。经营者作为格式条款的提供方，对条款内容的理解和潜在风险的掌控都远超消费者，要求经营者履行上述义务也是公平和诚实信用原则的体现。二是提示说明义务的履行方式。根据本条规定，经营者对与消费者有重大利害关系的内容必须以"显著方式"提请消费者注意，并按照消费者的要求予以说明。还需要说明的一点是，发生纠纷后，经营者应当对已尽以"显著方式"提示及说明义务承担举证责任。如果经营者违反上述义务，如该提示说明的未予提示说明，或者未以"显著方式"或者未按照要求提示说明，则视为经营者未就上述内容向消费者履行告知及说明义务，该条款不构成合同内容；但是消费者主张构成合同内容的，应当允许。

(2)禁止使用对消费者"不公平、不合理"的格式条款。不公平、不合理的格式条款主要指经营者违背诚实信用原则单方制定的对消费者明显不利的条款,其范围可能涉及合同的缔结、变更、履行及合同的解释方法和争议的处理机制等各个环节。

2. 违反本条义务的法律责任

含有本条第2款所列禁止性内容的条款,无论是以格式条款方式作出,还是以通知、声明、店堂告示等方式作出,其内容因包含对消费者不公平、不合理的内容,条款内容自始无效,对消费者不发生法律效力。需要注意的是,违反本条第1款规定与违反第2款规定的法律后果不同,经营者违反本条第1款提示或者说明义务,仅是视为未履行告知及说明义务,所涉条款不构成合同内容,对消费者不发生法律效力,但消费者主张适用的除外,因此,性质上属于可撤销条款;而违反本条第2款,则是因直接违反法律的强制性规范,性质上属于自始无效条款。

关联法规

《民法典》第496条

第二十七条　【禁止侵犯消费者人身权】 经营者不得对消费者进行侮辱、诽谤,不得搜查消费者的身体及其携带的物品,不得侵犯消费者的人身自由。

条文注释

本条是关于经营者不得侵害消费者人格尊严、侵犯消费者人身自由的规定。

(1)经营者不得对消费者进行侮辱、诽谤。经营者不得自己或者利用他人,通过捏造、散布虚伪事实或者以不文明、不礼貌的语言,损害消费者名誉,诋毁消费者的人格尊严。

(2)经营者不得搜查消费者的身体及其携带的物品。消费者作为公民,其人身权受到法律的保护,任何经营者均不得以任何理由,自行搜查消费者的身体及其携带的物品。经营者如发现其商品失窃,应当按照法定程序,由有关部门依法对嫌疑人的身体及其携带的物品进行必要的搜查。

（3）经营者不得侵犯消费者的人身自由。公民的人身自由权受我国法律的保护，除了有关司法机关依照法定程序有权对公民的人身自由进行限制外，其他任何单位和个人均不得限制公民的人身自由。

关联法规

《宪法》第37条

《民法典》第1183条

第二十八条　【采用网络等方式提供商品或服务的信息告知义务】采用网络、电视、电话、邮购等方式提供商品或者服务的经营者，以及提供证券、保险、银行等金融服务的经营者，应当向消费者提供经营地址、联系方式、商品或者服务的数量和质量、价款或者费用、履行期限和方式、安全注意事项和风险警示、售后服务、民事责任等信息。

条文注释

本条是关于网购、电视电话购物、邮购及金融消费等特定领域经营者的信息披露义务的规定。

1. 本条的适用范围

根据本条的规定，这些特定经营领域主要分为两类：一类是“采用网络、电视、电话、邮购等方式提供商品或者服务的经营者”，这一领域消费者和经营者之间的信息不对称主要体现在两个方面：一是消费者对商品基本信息的掌握非常被动，消费者主要通过经营者提供的图片、画面或者文字等信息选择商品，难以实地辨识商品的真实性，容易受到不当宣传的影响；二是交易主体虚拟化，消费者难以确定经营者真实身份，发生纠纷后维权困难，这两方面问题使远程购物中的交易风险大为上升，消费者交易劣势地位更为凸显，因此，为了保证实质的交易公平，法律必须强化这一领域经营者的信息披露义务。另一类是“提供证券、保险、银行等金融服务的经营者”，即金融消费领域，该领域信息不对称主要是金融领域的高度专业化导致，消费者在购买金融产品、接受金融服务时与经营者相比，在信息、专业知识和能力等方面居于明显的劣势地位。为了保证消费者在接受金融服务前对交易性质及交易风险等有真实、充分的了解，保证交易公平，法律应当强化这一领域经营者的信息披露义务。

2. 信息披露的主要内容

本条规定的特定领域经营者信息披露义务，其内容主要包括三个方面：一是有关经营者的真实身份信息，如经营地址、联系方式；二是有关商品或者服务的基本信息，如价款、数量、质量等；三是有关风险警示、民事责任等信息。

3. 违反本条义务的法律责任

具体就本条的适用而言，无论是采用网络、电视、电话、邮购等方式提供商品或者服务的经营者，还是提供证券、保险、银行等金融服务的经营者，要符合法律规定的信息披露义务，不仅要依据本条规定进行信息披露，并且还必须符合本法第20条有关经营者信息披露的一般性规定，即经营者披露的信息应当真实、全面。因此，网购等远程购物及金融消费等领域经营者信息披露义务的范围，包括但不限于本条所列的12项内容。经营者违反上述义务的，应当根据具体情形承担相应的法律责任。导致消费者重大误解的，消费者有权撤销合同；构成欺诈的，消费者可以依据本法第55条的规定要求增加赔偿其受到的损失。

第二十九条 【收集、使用消费者个人信息的原则】经营者收集、使用消费者个人信息，应当遵循合法、正当、必要的原则，明示收集、使用信息的目的、方式和范围，并经消费者同意。经营者收集、使用消费者个人信息，应当公开其收集、使用规则，不得违反法律、法规的规定和双方的约定收集、使用信息。

经营者及其工作人员对收集的消费者个人信息必须严格保密，不得泄露、出售或者非法向他人提供。经营者应当采取技术措施和其他必要措施，确保信息安全，防止消费者个人信息泄露、丢失。在发生或者可能发生信息泄露、丢失的情况时，应当立即采取补救措施。

经营者未经消费者同意或者请求，或者消费者明确表示拒绝的，不得向其发送商业性信息。

条文注释

本条是关于经营者收集、使用消费者个人信息时应履行义务的规定。

根据《全国人民代表大会常务委员会关于加强网络信息保护的决定》，对有违反本决定行为的，如以其他非法方式获取、出售或者非法向他人提供公民个人电子信息行为的，将依法给予警告、罚款、没收违法所得、吊销许可证或者取消备案、关闭网站、禁止有关责任人员从事网络服务业务等处罚，记入社会信用档案并予以公布；构成违反治安管理行为的，依法给予治安管理处罚。构成犯罪的，依法追究刑事责任。侵害他人民事权益的，依法承担民事责任。《刑法》第253条之一规定："违反国家有关规定，向他人出售或者提供公民个人信息，情节严重的，处三年以下有期徒刑或者拘役，并处或者单处罚金；情节特别严重的，处三年以上七年以下有期徒刑，并处罚金。违反国家有关规定，将在履行职责或者提供服务过程中获得的公民个人信息，出售或者提供给他人的，依照前款的规定从重处罚。窃取或者以其他方法非法获取公民个人信息的，依照第一款的规定处罚。单位犯前三款罪的，对单位判处罚金，并对其直接负责的主管人员和其他直接责任人员，依照各该款的规定处罚。"

关联法规

《刑法》第253条之一

《全国人民代表大会常务委员会关于加强网络信息保护的决定》

第四章　国家对消费者合法权益的保护

第三十条　【立法体现消费者意愿】国家制定有关消费者权益的法律、法规、规章和强制性标准，应当听取消费者和消费者协会等组织的意见。

第三十一条　【政府监督】各级人民政府应当加强领导，组织、协调、督促有关行政部门做好保护消费者合法权益的工作，落实保护消费者合法权益的职责。

各级人民政府应当加强监督，预防危害消费者人身、财产安全行为的发生，及时制止危害消费者人身、财产安全的行为。

关联法规

《产品质量法》第12~25条

《反不正当竞争法》第3、4条

《食品安全法》第109~121条

第三十二条　【执法主管部门保护消费者权益的义务】各级人民政府工商行政管理部门和其他有关行政部门应当依照法律、法规的规定，在各自的职责范围内，采取措施，保护消费者的合法权益。

有关行政部门应当听取消费者和消费者协会等组织对经营者交易行为、商品和服务质量问题的意见，及时调查处理。

关联法规

《产品质量法》第22条

第三十三条　【抽查检验】有关行政部门在各自的职责范围内，应当定期或者不定期对经营者提供的商品和服务进行抽查检验，并及时向社会公布抽查检验结果。

有关行政部门发现并认定经营者提供的商品或者服务存在缺陷，有危及人身、财产安全危险的，应当立即责令经营者采取停止销售、警示、召回、无害化处理、销毁、停止生产或者服务等措施。

条文注释

本条是关于有关行政部门抽查检验、责令召回缺陷产品等职责的规定。

本条第1款强调有关行政部门履行抽查检验职责，应当是“定期”和“不定期”相结合。各有关行政部门根据相应的法律等规定，结合监管行业的特点，制订定期的检验计划，将抽查检验制度化。同时根据实际问题状况，及时进行不定期的抽查检验，促使有关经营者始终保证商品或者服务的质量管理，避免向消费者提供的商品或者服务出现缺陷。如果部分商品或者服务出现缺陷，可通过不定期的抽查检验，对整个有关行业进行清查，避免对消费者的损害进一步扩大。

本条第2款规定适用的前提是，有关行政部门通过抽查检验、消费者投诉等途径，发现并认定经营者提供的商品或者服务存在缺陷，有危及人身、财产安全危险。这里的“缺陷”就是指经营者提供的商品或者服务有危及人身、财产安全的不合理危险。

第三十四条　【违法惩处】有关国家机关应当依照法律、法规的规定，惩处经营者在提供商品和服务中侵害消费者合法权益的违法犯罪行为。

条文注释

本条是关于有关国家机关依法惩处经营者的规定。

根据本条的规定，惩处经营者违法行为的前提是经营者在向消费者提供商品或者服务的过程中，违反有关法律、法规等规定，侵害了消费者的合法权益。惩处的依据是有关法律和法规的规定，也就是说，具体惩处的情形、惩处机关、惩处权限和方式要有明确的法律、法规的规定。总的来说，惩处主体是有关国家机关，不仅仅指行政机关，而且还包括人民检察院、人民法院等司法机关。惩处的手段主要是指有关行政处罚和刑事处罚。

第三十五条 【诉讼保护】人民法院应当采取措施，方便消费者提起诉讼。对符合《中华人民共和国民事诉讼法》起诉条件的消费者权益争议，必须受理，及时审理。

条文注释

本条是关于人民法院保障消费者依法提起维权诉讼的规定。

根据本条的规定，人民法院应当采取措施，方便消费者提起诉讼。根据《民事诉讼法》的规定，方便消费者提起诉讼的措施主要有以下几个方面：

(1)起诉时，消费者书写起诉状确有困难的，可以口头起诉，由人民法院记入笔录，并告知对方当事人。

(2)消费者可以聘请律师担任诉讼代理人，也可以委托基层法律服务工作者、其近亲属或者其所在社区、单位以及有关社会团体推荐的公民担任诉讼代理人。

(3)共同诉讼和代表人诉讼。消费者是多人而被告的经营者是一人的，其诉讼标的是共同的，或者诉讼标的是同一种类，人民法院认为可以合并审理并经当事人同意的，可以作为共同诉讼。消费者一方人数众多的共同诉讼，可以由当事人推选代表人进行诉讼。

(4)基层人民法院和它派出的法庭审理事实清楚、权利义务关系明确、争议不大的简单的消费者权益争议，可以适用简易程序，作为原告的消费者可以口头起诉。基层人民法院或者它派出的法庭对此类案件可以用简便方式传唤当事人和证人、送达诉讼文书、审理案件。对简单的消费者权益争议，标的额为各省、自治区、直辖市上年度就业人员年平均工资50%以下的，适用小额诉讼的程序审理，实行一审终审。

除了消费者本人就消费者权益争议向人民法院提起民事诉讼

外，根据本法第47条的规定，中国消费者协会以及在各省、自治区、直辖市设立的消费者协会，对侵害众多消费者合法权益的行为，可以向人民法院提起诉讼，人民法院应当依法受理，并及时作出裁判。

关联法规

《民事诉讼法》第55、56、61、122、123、160~162、165条

第五章 消费者组织

第三十六条 【消费者协会】消费者协会和其他消费者组织是依法成立的对商品和服务进行社会监督的保护消费者合法权益的社会组织。

第三十七条 【消费者协会的职责】消费者协会履行下列公益性职责：

（一）向消费者提供消费信息和咨询服务，提高消费者维护自身合法权益的能力，引导文明、健康、节约资源和保护环境的消费方式；

（二）参与制定有关消费者权益的法律、法规、规章和强制性标准；

（三）参与有关行政部门对商品和服务的监督、检查；

（四）就有关消费者合法权益的问题，向有关部门反映、查询，提出建议；

（五）受理消费者的投诉，并对投诉事项进行调查、调解；

（六）投诉事项涉及商品和服务质量问题的，可以委托具备资格的鉴定人鉴定，鉴定人应当告知鉴定意见；

（七）就损害消费者合法权益的行为，支持受损害的消费者提起诉讼或者依照本法提起诉讼；

（八）对损害消费者合法权益的行为，通过大众传播媒介予以揭露、批评。

各级人民政府对消费者协会履行职责应当予以必要的经费等支持。

消费者协会应当认真履行保护消费者合法权益的职责，听取消费者的意见和建议，接受社会监督。

依法成立的其他消费者组织依照法律、法规及其章程的规定，开展保护消费者合法权益的活动。

条文注释

本条是关于消费者协会履行公益性职能的规定。

本条明确了消费者协会履行公益性职责，强调消费者协会作为由政府发起设立的保护消费者权益的社会组织，其履行的职责是公益性的，是为保护广大消费者权益履行职责。

各级人民政府应当对消费者协会履行职责给予必要的经费等支持。不仅限于经费保障，还应当在其他履职必要条件方面予以必要的支持。

第三十八条　【消费者组织的禁止行为】消费者组织不得从事商品经营和营利性服务，不得以收取费用或者其他牟取利益的方式向消费者推荐商品和服务。

条文注释

本条是关于消费者组织不得以牟利方式推荐商品和服务的规定。

消费者组织是对商品服务进行社会监督的保护消费者合法权益的社会组织，特别是消费者协会履行的职责是公益性的，且获得各级人民政府的履行职能所需经费等支持，消费者组织不能从事商品经营和营利性服务，否则就难以起到保护消费者合法权益的社会监督作用。

第六章 争议的解决

第三十九条 【争议解决途径】消费者和经营者发生消费者权益争议的,可以通过下列途径解决:

(一)与经营者协商和解;

(二)请求消费者协会或者依法成立的其他调解组织调解;

(三)向有关行政部门投诉;

(四)根据与经营者达成的仲裁协议提请仲裁机构仲裁;

(五)向人民法院提起诉讼。

条文注释

本条是关于消费纠纷解决途径的规定。

1. 与经营者协商和解

和解,是消费者与经营者在平等自愿的基础上进行和平协商,解决消费纠纷的一种方式。由于和解协议是双方当事人自愿达成的协议,因此其效力不同于人民法院的裁判或者仲裁机构的裁决,不具有强制执行的法律效力,只对双方当事人有约束力,如果一方或者双方就和解达成的协议反悔,一方或者双方都可以就纠纷重新通过调解、仲裁或者诉讼途径解决。

2. 请求消费者协会或者依法成立的其他调解组织调解

调解,是调解组织通过说服、疏导等方法,促使当事人在平等协商基础上自愿达成调解协议,解决民间纠纷的一种方式。调解这种形式被实践证明是解决消费纠纷有效的方式之一。与协商和解相比,调解因有处于中立地位的第三方参与,双方当事人更容易达成合意;与仲裁、诉讼相比,调解程序简便快捷。

3. 向有关行政部门投诉

消费者在购买、使用商品或者接受服务过程中,由于经营者不依法履行义务或者履行义务不适当,使消费者的合法权益受到侵害的，消费者有权向有关行政部门投诉。行政部门受理消费者投诉后，依照法律法规，在各自职责范围内对消费纠纷进行调解或者依法处理。依照本法第46条的规定，消费者向有关行政部门投诉的，该部门应当自收到投诉之日起7个工作日内，予以处理并告知消费者。

4. 根据仲裁协议提请仲裁

仲裁，是当事人根据事先或者事后达成的书面仲裁协议自愿将争议提交仲裁机构裁决以解决争议的一种法律制度。当事人可以按双方的意愿选择任何仲裁机构对争议进行仲裁。仲裁裁决具有强制性，当事人应当履行，否则权利人有权申请人民法院强制执行。仲裁实行一裁终局制度，裁决作出后，除被人民法院裁定撤销或者不予以执行的外，当事人就同一争议再次申请仲裁或者向人民法院起诉的，仲裁机构或者人民法院不予受理。

5. 向人民法院提起诉讼

诉讼，是消费者与经营者发生纠纷后，由消费者根据《民事诉讼法》的有关规定，向人民法院提起民事诉讼，经人民法院审理后，依法作出裁判，以解决消费纠纷的一种方式。人民法院作出的判决或者裁定一经生效，就有国家强制力保证其实施，具有权威性和最终的决定力。需要说明的是，和解、调解、投诉、仲裁不是提起诉讼的必经程序，只要一方认为有必要，就可以直接向人民法院提起诉讼。

关联法规

《仲裁法》第4条

《民事诉讼法》第122条

《产品质量法》第47条

第四十条　【赔偿请求权的行使】消费者在购买、使用商品时，其合法权益受到损害的，可以向销售者要求赔偿。销售者赔偿后，属于生产者的责任或者属于向销售者提供商品的其他销售者的责任的，销售者有权向生产者或者其他销售者追偿。

消费者或者其他受害人因商品缺陷造成人身、财产损害的,可以向销售者要求赔偿,也可以向生产者要求赔偿。属于生产者责任的,销售者赔偿后,有权向生产者追偿。属于销售者责任的,生产者赔偿后,有权向销售者追偿。

消费者在接受服务时,其合法权益受到损害的,可以向服务者要求赔偿。

条文注释

本条是关于损害追偿对象的规定。

消费者合法权益受到损害的,可以行使追索权的对象包括:销售者(服务提供者)、其他销售者、生产者。对消费者而言,对这三种对象的追偿不存在先后次序,可以任意选择最便于追偿的对象要求赔偿。至于这三种对象之间的最终责任承担实行的是过错责任原则,由对产品缺陷的形成具有责任的一方承担。

关联法规

《民法典》第1203条

《产品质量法》第43条

第四十一条 【企业合并、分立的赔偿责任人的确定】消费者在购买、使用商品或者接受服务时,其合法权益受到损害,因原企业分立、合并的,可以向变更后承受其权利义务的企业要求赔偿。

条文注释

本条是关于企业变更后责任主体的规定。

企业合并一般指两种情况:一是指两个以上的企业合并成为一个新的企业,由新的企业承担被合并企业的权利和义务;二是指一个企业被撤销后,将其债权债务一并转让给另一个企业。企业分立是指一个企业被分为两个以上的新企业,原企业的权利和义务由新企业承担。

企业合并或者分立后,不仅原有的一切债权和债务依法由合并或者分立后的企业承担,而且原有的财产所有权、经营权、知识产权等也移转给合并或者分立后的企业。随着经济的发展,不少企业根据市场要求进行了重组和改建。无论企业的改变是出于何种原因,其合并或者分立后的债权及债务都应当按照法律的规定来确定,这样才能有效地防止假借合并或者分立逃避债务、逃避责任,更好地保护债权人包括消费者的合法权益。

关联法规

《民法典》第 67 条

《公司法》第 174 条

第四十二条　【使用他人执照的赔偿责任人的确定】使用他人营业执照的违法经营者提供商品或者服务,损害消费者合法权益的,消费者可以向其要求赔偿,也可以向营业执照的持有人要求赔偿。

条文注释

本条是关于营业执照持有人和借用人承担责任的规定。

营业执照是企业取得法人资格和合法经营权的凭证,是企业的"户口簿",也是市场监督管理部门对市场经营主体的经营行为依法实施监管的依据与重要内容。国家对营业执照的使用与管理有一系列的法律法规来规范。《市场主体登记管理条例》规定,任何单位和个人不得伪造、涂改、出租、出借、转让营业执照。本条针对营业执照持有人、借用人在经营过程中对消费者造成损害,违法的持有人、出借人如何承担责任作出了规定。

关联法规

《市场主体登记管理条例》第 37 条

第四十三条　【展销会、租赁柜台的损害赔偿责任人的确定】消费者在展销会、租赁柜台购买商品或者接受服务，其合法权益受到损害的，可以向销售者或者服务者要求赔偿。展销会结束或者柜台租赁期满后，也可以向展销会的举办者、柜台的出租者要求赔偿。展销会的举办者、柜台的出租者赔偿后，有权向销售者或者服务者追偿。

条文注释

本条是关于展销会、租赁柜台的损害赔偿责任人的确定的规定。

为切实保障消费者的合法权益，本条明确规定了因展销会、租赁柜台销售商品或者提供服务而致消费者权益损害的赔偿主体。本条规定区别了两种情况：一是在展销会进行期间或者租赁柜台合同存续期间，消费者可以就所受损害向销售者或者服务者要求赔偿，因为在这种情况下消费者比较容易直接找到销售者或者服务者，与其交涉，请求赔偿。二是展销会结束后或者柜台租赁期满后，消费者可以就所受损害直接向销售者或者服务者要求赔偿；消费者也可以向展销会的举办者、柜台的出租者要求赔偿。不论展销会的举办者、柜台的出租者对销售者或者服务者损害消费者权益的行为是否具有直接的责任，他们均有对消费者的损失先行全部赔偿的义务。

第四十四条　【网络交易平台的赔偿责任人的确定】消费者通过网络交易平台购买商品或者接受服务，其合法权益受到损害的，可以向销售者或者服务者要求赔偿。网络交易平台提供者不能提供销售者或者服务者的真实名称、地址和有效联系方式的，消费者也可以向网络交易平台提供者要求赔偿；网络交易平台提供者作出更有利于消费者的承诺的，应当履行承诺。网络交易平台提供者赔偿后，有权向销售者或者服务者追偿。

网络交易平台提供者明知或者应知销售者或者服务者利用其平台侵害消费者合法权益,未采取必要措施的,依法与该销售者或者服务者承担连带责任。

条文注释

本条是关于网络交易平台提供者责任的规定。

对本条的理解,需要重点把握以下两个方面:

1. 特定条件下的先行赔付责任

根据本条第1款的规定,消费者权益受到损害的,可以向提供商品的销售者或者服务者要求赔偿。考虑到网络交易平台对利用平台的经营者的控制能力要远远超过消费者,同时,作为网络交易市场的开办者和管理者,平台应当也有能力建立健全平台内经营者的准入及退出机制,因此,本条明确规定网络交易平台提供者对平台内经营者的真实名称、地址和有效联系方式的提供义务。根据本条的规定,网络交易平台对于进驻平台的销售者和服务者,应当尽到必要的身份审查义务,该项义务应当是事先的、主动性的,一旦发生纠纷,消费者难以找到经营者要求赔偿的,平台有义务向消费者提供经营者身份、资质的真实信息。不能提供的,消费者可以要求平台承担先行赔付责任。

2. 过错原则下的连带侵权责任

本条第2款规定,网络交易平台提供者明知或者应知销售者或者服务者利用其平台侵害消费者合法权益,未采取必要措施的,依法与该销售者或者服务者承担连带责任。对本款的理解,需要注意以下两点:

(1)网络交易平台提供者对消费者承担的是过错责任,仅在其明知或者应知销售者或者服务者利用其平台侵害消费者合法权益,而未采取必要措施的,才依法承担连带责任。

(2)网络交易平台提供者过错的判断标准,以其是否明知或者应知销售者或者服务者利用其平台侵害消费者合法权益且未采取必要措施为参照。这也是本法为网络交易平台提供者确立的对消费者注意义务的范围。不同的网络服务提供者，注意义务的内容也不同。作为交易平台提供者，接到消费者或者其他权利人投诉，或者即使未接到投诉但平台知道消费者权益受侵害而未及时采取必要措施的，与违法经营者承担连带责任。

第四十五条 【虚假广告损害赔偿责任人的确定】消费者因经营者利用虚假广告或者其他虚假宣传方式提供商品或者服务，其合法权益受到损害的，可以向经营者要求赔偿。广告经营者、发布者发布虚假广告的，消费者可以请求行政主管部门予以惩处。广告经营者、发布者不能提供经营者的真实名称、地址和有效联系方式的，应当承担赔偿责任。

广告经营者、发布者设计、制作、发布关系消费者生命健康商品或者服务的虚假广告，造成消费者损害的，应当与提供该商品或者服务的经营者承担连带责任。

社会团体或者其他组织、个人在关系消费者生命健康商品或者服务的虚假广告或者其他虚假宣传中向消费者推荐商品或者服务，造成消费者损害的，应当与提供该商品或者服务的经营者承担连带责任。

条文注释

本条是关于虚假广告和其他虚假宣传方式民事责任的规定。

1. 虚假广告和其他虚假宣传方式的民事责任主体

根据本条规定，可能承担虚假广告和其他虚假宣传方式民事责任的主体主要有以下三类：

（1）经营者，是指为推销商品或者提供服务，自行设计、制作、发布广告或者进行其他虚假宣传，以及委托他人设计、制作、发布广告的法人、其他经济组织或者个人。

（2）广告经营者和广告发布者。广告经营者，是指受委托提供广告设计、制作、代理服务的法人、其他组织或者个人，包括广告设计者、广告制作者和广告代理人。广告发布者，是指为广告主或者广告主委托的广告经营者发布广告的法人或者其他经济组织,包括广播电视播出机构、报纸期刊出版单位、互联网信息服务单位等大众传播媒介,以及利用自有或者自制音像制品、图书、橱窗、灯箱、场地(馆)等广告媒介发布广告的法人或者其他经济组织。

(3)广告和其他宣传方式代言人,是指在商业广告和其他宣传方式中,利用自己的形象、表演、体验、陈述及知名度等自身资源,通过各种形式的传播媒介或者宣传方式,直接或者间接向公众推荐、证明商品或者服务信息的人,包括社会团体或者其他组织、个人。

2. 经营者的民事责任

通常情况下,广告或者其他宣传中所推销的商品或者提供的服务的基本信息是由经营者提供的,广告和其他宣传的内容最终也由经营者决定,经营者对广告和其他宣传活动具有操纵权和决策权。经营者是虚假广告和其他虚假宣传方式民事责任首要的也是应当承担责任最重的责任主体。因此,《广告法》第56条规定:"违反本法规定,发布虚假广告,欺骗、误导消费者,使购买商品或者接受服务的消费者的合法权益受到损害的,由广告主依法承担民事责任。……"

3. 广告经营者、广告发布者的民事责任

广告经营者、广告发布者在虚假广告中应当承担的民事责任有:

(1)对于一般的虚假广告,采用过错责任原则,只有在广告经营者、广告发布者明知或者应知广告虚假仍设计、制作、发布时,才承担连带责任。我国法律规定广告经营者、广告发布者对于广告的设计、制作、发布有一定的审查义务,消费者只要举证广告经营者、广告发布者违反了审查义务就可以证明其存在过错。

(2)广告经营者、广告发布者不能提供经营者的真实名称、地址和有效联系方式的,应当先行承担赔偿责任。这样规定的原因主要有以下两点:一是利用虚假广告提供商品或服务的经营者为了逃避将要发生的民事责任,往往不向消费者提供自己真实的名称、地址和有效联系方式,使消费者在发生损害时无处索赔。而广告经营者、广告发布者由于依法负有查验有关证明、审查广告内容的责任,因此应当有义务也能够向受其所发布的虚假广告损害的消费者提供经营者的真实名称、地址和有效联系方式,使消费者能够及时提出索赔。二是广告经营者、广告发布者虽然不是虚假广告所宣传的商品或者服务的提供者,但是广告经营者、广告发布者发布虚假广告的违法行为,与消费者因虚假广告的误导购买或者接受了经营者的商品或者服务,以致合法权益受到损害是密切相关的。

(3)对于关系消费者生命健康的商品或者服务的虚假广告,采用无过错责任原则,广告经营者、广告发布者只要设计、制作、发布了虚假广告,就应当与经营者承担连带责任。食品、药品等关系消费者生命健康的商品或者服务,直接涉及人民群众切身利益,一旦广告虚假,欺骗和误导了消费者,会造成很大危害。采用无过错责任原则,加大了广告经营者、广告发布者从事虚假广告的成本,能够促使其在利害权衡下更加自律、严格把关,可以在很大程度上避免虚假广告的发布,对于遏制关系消费者生命健康的商品或者服务的虚假广告非常有利。

4. 广告和其他宣传方式代言人的民事责任

广告和其他宣传方式代言人作为广告的重要参与者,在广告等宣传活动中发挥着较大的影响,特别是作为知名公众人物,往往受到消费者的信任与崇拜,如果代言虚假广告和其他虚假宣传,对广告市场等的扰乱和对消费者的损害都是严重的。

其他宣传方式代言人的责任与虚假广告代言人的责任一样。比如,经营者在电台、电视台通过所谓的咨询热线、服务热线等对一些关系消费者生命健康的商品或者服务进行虚假宣传,往往通过事先安排好的所谓的“患者”“消费者”打来电话,虚夸商品或者服务的效果,造成消费者上当受骗,受到损害,这些虚假的“患者”“消费者”也应当同经营者承担连带责任。

关联法规

《产品质量法》第 53 条

《广告法》第 4、28、55、56 条

《刑法》第 222 条

第四十六条 【消费者投诉】消费者向有关行政部门投诉的，该部门应当自收到投诉之日起七个工作日内，予以处理并告知消费者。

条文注释

本条是关于行政部门对投诉处理的规定。

根据本条规定，消费者和经营者发生争议的，依照商品或者服务的性质，根据争议的具体情况，可以向对有关争议问题有监管权的行政部门投诉。例如，对产品质量问题有争议的，可以向市场监督管理部门投诉；因商品价格或者服务收费而发生的争议，可向物价部门提出投诉；因虚假广告而发生的争议，可向市场监督管理部门提起投诉。有关行政部门收到消费者投诉后，应当在7个工作日内按照有关规定予以处理，这里所说的“处理”，包括多种方式，应当根据投诉的具体情况来理解。例如，如果投诉的有关问题较为简单，事实清楚，有关行政部门应当按照有关规定及时调查核实，予以解决；如果投诉的有关问题较为复杂，不能立即解决的，可以先受理立案；如果投诉不符合有关规定的，不予受理；如果投诉属于其他有关行政部门管辖范围的，可以移交有权处理的部门处理，或者根据规定告知消费者另行投诉。但不管有关行政部门采取哪种处理方式，在处理后都应当告知消费者。

第四十七条 【消费者协会的起诉权】对侵害众多消费者合法权益的行为，中国消费者协会以及在省、自治区、直辖市设立的消费者协会，可以向人民法院提起诉讼。

条文注释

本条是关于消费公益诉讼的规定。

消费公益诉讼，是指众多且不特定消费者的权益受到或者可能受到损害时，无直接利害关系的主体为保护消费者权益提起的诉讼。与普通消费诉讼相比，消费公益诉讼的本质特征是原告在案件中无直接的个人利益，而是为了众多且不特定消费者的权益提起诉讼。

关联法规

《最高人民法院关于审理消费民事公益诉讼案件适用法律若干问题的解释》

第七章　法律责任

第四十八条　【承担民事责任的情形】经营者提供商品或者服务有下列情形之一的，除本法另有规定外，应当依照其他有关法律、法规的规定，承担民事责任：

（一）商品或者服务存在缺陷的；

（二）不具备商品应当具备的使用性能而出售时未作说明的；

（三）不符合在商品或者其包装上注明采用的商品标准的；

（四）不符合商品说明、实物样品等方式表明的质量状况的；

（五）生产国家明令淘汰的商品或者销售失效、变质的商品的；

（六）销售的商品数量不足的；

（七）服务的内容和费用违反约定的；

（八）对消费者提出的修理、重作、更换、退货、补足商品数量、退还货款和服务费用或者赔偿损失的要求，故意拖延或者无理拒绝的；

（九）法律、法规规定的其他损害消费者权益的情形。

经营者对消费者未尽到安全保障义务，造成消费者损害的，应当承担侵权责任。

条文注释

本条是关于经营者承担民事责任具体情形的规定。

本条第1款列举了9种经营者应当承担民事责任的情形,第2款规定了经营者未尽到安全保障义务的侵权责任。

(1)商品或者服务存在缺陷。缺陷,是指产品存在危及人身、他人财产安全的不合理的危险。在有保障人体健康和人身、财产安全的国家标准、行业标准时,缺陷可以体现为不符合该标准。消费者有权要求经营者提供的商品或者服务,符合保障人身、财产安全的要求。

(2)不具备商品应当具备的使用性能而出售时未作说明。"不具备商品应当具备的使用性能",是指不具备商品的特定的用途和使用价值;"出售时未作说明",是指经营者没有在销售该商品时向消费者事先明确说明该商品不具备的特定用途和使用价值。经营者未作说明,仅在价格上让步,不能免除民事责任。

(3)不符合在商品或者其包装上注明采用的商品标准。这里所讲的"不符合在商品或者其包装上注明采用的商品标准",主要是指不符合在商品或者其包装上注明采用的国家标准、行业标准和企业标准等。如果销售者出售商品的质量状况与商品或其包装上注明采用的产品标准不符,销售者就违反了其应承担的对商品质量的担保义务,应当依法承担相应的民事责任。

(4)不符合以商品说明、实物样品等方式表明的质量状况。经营者以商品广告、商品说明书等形式对商品的质量状况作出说明的,应当保证其提供商品的实际质量与该商品说明中表明的商品质量状况相符;销售者以展示其实物样品的方式销售其商品的(如以家具展销会的方式出售家具),其售出商品的质量状况应当与其展示的实物样品相符。经营者出售的商品的质量与产品说明、实物样品不符的,也属于违反经营者对出售商品质量担保的义务,应当承担本条规定的民事责任。

(5)生产国家明令淘汰的商品或者销售失效、变质的商品。"国家明令淘汰的商品",是指国家行政机关按照一定的程序,采用行政的措施,对因涉及耗能高、技术落后、污染环境、危及人体健康等方面的因素,确定不得继续生产、销售、使用的商品。"失效",是指商品失去了本来应当具有的效力、作用。“变质”,是指商品内在质量发生了本质性的物理、化学变化,失去了产品应当具有的使用价值。

(6)销售的商品数量不足。经营者向消费者销售商品,是通过买卖合同进行的。商品的数量是买卖合同内容的重要部分。重合同守信用,如数履行,是市场经济对经营活动的正常要求,经营者不得提供低于约定数量的商品,否则将构成违约,要承担相应的违约责任。

(7)服务的内容和费用违反约定。经营者向消费者提供服务,大多数也是通过合同进行的,同样需要信守约定,不得随意克减服务内容、降低服务标准、多收费用。

(8)对消费者提出的修理、重作、更换、退货、补足商品数量、退还货款和服务费用或者赔偿损失的要求,故意拖延或者无理拒绝。

经营者遵守法律规定,就应当始终尊重消费者权利,积极履行自身义务,主动承担责任;故意拖延或者无理拒绝消费者的合法要求,是对法律规定的进一步违背,不但不能摆脱责任,还可能加重损失。

(9)法律、法规规定的其他损害消费者权益的情形。这是一项兜底的规定,除以上8种情形外,法律、法规中还有其他损害消费者权益,经营者应当承担民事责任的情形的规定。

(10)未尽到安全保障义务的侵权责任。根据本法和《民法典》的相关规定,经营者违反对消费者的安全保障义务,应当承担侵权责任的情形具体有两种:一是经营者自身造成危险导致消费者受损害;二是第三人引发危险导致消费者受损害。

关联法规

《民法典》第1198条

第四十九条　【人身损害赔偿责任】经营者提供商品或者服务,造成消费者或者其他受害人人身伤害的,应当赔偿医疗费、护理费、交通费等为治疗和康复支出的合理费用,以及因误工减少的收入。造成残疾的,还应当赔偿残疾生活辅助具费和残疾赔偿金。造成死亡的,还应当赔偿丧葬费和死亡赔偿金。

条文注释

本条是关于经营者承担人身损害赔偿责任的规定。

本条按三个层次规定了人身损害赔偿的范围：

1. 造成消费者或者其他受害人人身损害的一般赔偿范围

这主要是指侵犯受害人生命健康权益造成人身损害一般都要赔偿的项目。无论是致伤、致残，还是致死，凡是有一般赔偿范围内所列项目的费用支出，造成损害的经营者均应赔偿。这里需强调的是，本条所列举的一般赔偿范围内的赔偿项目仅是几种比较典型的费用支出，实践中并不仅限于这些赔偿项目，只要是因为治疗和康复所支出的合理费用，都可以纳入一般赔偿的范围。对人身损害的赔偿要坚持赔偿与损害相一致的原则，即要使受害人获得合理赔偿，而不能使其获得不当利益。

2. 造成消费者或者其他受害人残疾的赔偿范围

本条规定，造成消费者或者其他受害人残疾的，还应当赔偿残疾生活辅助具费和残疾赔偿金。

残疾生活辅助器具主要包括假肢及其零部件、假眼、助听器、盲人阅读器、助视器、矫形器等。在司法实践中，计算残疾生活辅助具费现在一般按普通适用器具的合理费用标准计算。伤情有特殊情况的，可以参照辅助器具配置机构的意见确定相应的合理费用标准。辅助器具的更换周期参照配置机构的意见确定。

“残疾赔偿金”是受害人残疾后所特有的一个赔偿项目。《最高人民法院关于审理人身损害赔偿案件适用法律若干问题的解释》规定：“残疾赔偿金根据受害人丧失劳动能力程度或者伤残等级，按照受诉法院所在地上一年度城镇居民人均可支配收入或者农村居民人均纯收入标准，自定残之日起按二十年计算。但六十周岁以上的，年龄每增加一岁减少一年；七十五周岁以上的，按五年计算。受害人因伤致残但实际收入没有减少，或者伤残等级较轻但造成职业妨害严重影响其劳动就业的，可以对残疾赔偿金作相应调整。”

3. 造成消费者或者其他受害人死亡的赔偿范围

受害人死亡的，其医疗费、丧葬费的赔偿较为明确，便于计算。

问题主要集中在如何确定死亡赔偿金的数额。造成受害人死亡会同时影响与受害人关系密切的生者的物质生活和精神生活；赔偿范围既包括物质损失，又包括非物质损失。目前的司法实践中，主要是根据案件的具体情况，以与被害人相关的社会收入标准为基础，综合考虑各种因素后，具体确定死亡赔偿金的数额。

关联法规

《民法典》第 1179 条

《产品质量法》第 44 条

《最高人民法院关于审理人身损害赔偿案件适用法律若干问题的解释》

第五十条 【侵犯消费者人格权等的民事责任】经营者侵害消费者的人格尊严、侵犯消费者人身自由或者侵害消费者个人信息依法得到保护的权利的，应当停止侵害、恢复名誉、消除影响、赔礼道歉，并赔偿损失。

条文注释

本条是关于经营者侵害消费者人格尊严、侵犯消费者人身自由或者侵害消费者个人信息依法得到保护的权利应当承担民事责任的规定。

在保护消费者人格尊严、人身自由和个人信息依法得到保护权利的总体目标下，可以单独采用一种方式，也可以采用多种方式。具体适用时应当掌握的原则是在任何情况下，只要有保护消费者人格权益的需要，如果一种方式不足以救济受害人，就应当同时适用其他方式；同样，采用一种或者两种方式足以保护受害人利益的，就不必再采取其他方式。

关联法规

《民法典》第 1182 条

第五十一条　【精神损害赔偿责任】经营者有侮辱诽谤、搜查身体、侵犯人身自由等侵害消费者或者其他受害人人身权益的行为，造成严重精神损害的，受害人可以要求精神损害赔偿。

条文注释

本条是关于经营者承担精神损害赔偿责任的规定。

准确理解本条规定，需要注意两种特殊情况：第一，在经营者对消费者实施诽谤等违法行为时，损害的可能不只是消费者本人，还包括谣言内容所波及的其他受害人。第二，在我国的司法实践中，因侵权导致死亡的死者亲属也有权要求精神损害赔偿。

关联法规

《民法典》第1183条

《最高人民法院关于确定民事侵权精神损害赔偿责任若干问题的解释》

第五十二条　【"三包"责任】经营者提供商品或者服务，造成消费者财产损害的，应当依照法律规定或者当事人约定承担修理、重作、更换、退货、补足商品数量、退还货款和服务费用或者赔偿损失等民事责任。

条文注释

本条是关于经营者造成消费者财产损害的民事责任的规定。

消费者适用本条时需要注意一个问题：经营者应当承担的是其违约或者侵权造成的财产损失，并不是消费者应当承担的正常市场风险。例如，消费者某甲刚购买开发商某乙销售的商品房，楼盘就因为楼市遇冷而打折。看到与自己类似的房屋便宜了很多，觉得开发商某乙的降价行为使自己受到了损失，于是起诉要求开发商某乙赔偿差价。人民法院经审理认为，房屋市场价格下滑，开发商调低价格是正常的经营行为，并不构成对先前购房人的侵害。其他购房人以较低价格购买房屋，也不意味着先前购房人受到了损失。消费者某甲无权将正常的市场风险转嫁给经营者承担。

关联法规

《产品质量法》第40条

《民法典》第237、238、582~584、1167条

第五十三条 【预收款方式销售的责任】经营者以预收款方式提供商品或者服务的，应当按照约定提供。未按照约定提供的，应当按照消费者的要求履行约定或者退回预付款；并应当承担预付款的利息、消费者必须支付的合理费用。

条文注释

本条是关于预收款消费中经营者的义务以及违约责任的规定。

预收款消费，又称预付款消费，是由消费者首先对商家授信，预先支付一定金额，然后延期消费其服务或者商品的一种商业模式。商家往往以购买不同等级的预付费消费卡可以享受不同档次的优惠吸引消费者。

预收款消费侵犯消费者合法权益主要表现在以下几个方面：一是商家不按照约定的标准提供商品或者服务，消费者在首次消费时，商家为吸引消费者办卡，努力提高服务质量，而消费者一旦办卡后，便丧失了维持服务质量的动力；二是商家单方面提高收费标准，消费者一旦办卡，其资金便沉淀在商家，商家掌握绝对的话语权；三是更换经营者，新经营者拒绝接受，消费者难以找到原经营者；四是办卡容易退卡难，商家以各种理由拒绝消费者的退卡要求；五是商家单方规定预付卡的有效期，到期作废，余额不退；六是商家经营不善关门，或者以发行预付卡变相融资卷款携逃，致使消费者无法消费，难以维权。

经营者有违约行为的，应当承担违约责任。经营者违约后，消费者认为继续履行合同对其有利，选择继续履行合同的，经营者应当继续履行，除非经营者因歇业等原因导致合同无法继续履行；消费者认为继续履行合同对其权益有所损害或者不愿意继续履行合同，选择终止合同的，不论经营者是否仍然具备履约能力，也不论经

营者是否愿意继续履行合同,经营者应当立即将剩余的预付款退回消费者,并应当承担预付款的利息、消费者支付的合理费用。这里的"合理费用"主要指必要的交通、通信等费用。理解本条需要注意的是,赋予消费者这两种选择权,并不影响消费者要求经营者承担因其违约行为导致的经济损失的权利,经营者的违约行为造成消费者其他损失的,消费者仍然有权根据本法以及其他法律的规定要求其承担民事责任。

关联法规

《非金融机构支付服务管理办法》

《单用途商业预付卡管理办法(试行)》

第五十四条 【不合格商品的退货责任】依法经有关行政部门认定为不合格的商品,消费者要求退货的,经营者应当负责退货。

条文注释

本条是关于不合格商品退货的规定。

不合格商品,主要分为劣质产品和处理品。劣质产品,主要应从以下两个方面判定:一是看其是否符合保障人体健康、人身、财产安全的强制性的国家标准、行业标准和地方标准,不符合上述标准的产品是劣质产品。二是看其是否具备产品应当具备的使用性能,不具备使用性能的是劣质产品。处理品,是指不存在危及人体健康、人身、财产安全的危险,仍有使用价值,但产品在使用性能上有瑕疵或者产品的质量与其包装上注明采用的产品标准所规定的质量指标、产品说明中明示的质量指标,以及与以实物样品等方式表明的质量状况不符的产品。

根据本条规定,消费者根据本条行使退货请求权的前提是商品被有关行政部门认定为不合格。消费者行使退货请求权不以经营者是否存在主观过错为前提,无论经营者是否知晓其生产、销售的商品为不合格商品,都负有退货义务。这里的"经营者"既包括商品的销售者,也包括商品的生产者,消费者既可以请求销售者退货，也可以直接请求生产者退货，销售者或者生产者不得拒绝。经营者退货的同时，应当向消费者退回商品价款。

理解本条还需要注意，消费者在使用不合格商品过程中人身、财产受到损失的，除可以依照本条要求经营者退货外，还可以根据本法其他规定请求经营者承担相应的民事责任。

关联法规

《民法典》第 582 条

第五十五条 【惩罚性赔偿】经营者提供商品或者服务有欺诈行为的，应当按照消费者的要求增加赔偿其受到的损失，增加赔偿的金额为消费者购买商品的价款或者接受服务的费用的三倍；增加赔偿的金额不足五百元的，为五百元。法律另有规定的，依照其规定。

经营者明知商品或者服务存在缺陷，仍然向消费者提供，造成消费者或者其他受害人死亡或者健康严重损害的，受害人有权要求经营者依照本法第四十九条、第五十一条等法律规定赔偿损失，并有权要求所受损失二倍以下的惩罚性赔偿。

条文注释

本条是关于惩罚性赔偿的规定。

本条第 1 款的要件之一是经营者实施了欺诈行为。所谓欺诈，就是故意隐瞒真实情况或者故意告知对方虚假的情况，欺骗对方，诱使对方作出错误的意思表示而与之订立合同。

关于增加赔偿金额，需要说明的是，消费者因经营者的欺诈行为受到损害的，消费者有权根据本法有关规定要求经营者承担民事赔偿责任。经营者在承担这些民事赔偿责任之后，消费者还可以根据本条规定要求经营者增加赔偿其受到的损失。换言之，本条规定的赔偿金额是在消费者所受损失之外增加的赔偿，不影响其根据本法第 48 条至第 54 条向经营者主张请求权。

本条第 2 款规定的赔偿分为两部分：一部分是受害人依照本法

第49、51条等规定请求的赔偿,是对受害人既有损失的赔偿,造成财产损失的,应当全额赔偿。造成人身伤害的,应当赔偿医疗费、护理费、交通费、误工费等;造成残疾的,还应当赔偿残疾生活辅助具费和残疾赔偿金;造成死亡的,还应当赔偿丧葬费和死亡赔偿金。造成严重精神损害的,还应当承担精神损害赔偿责任。另一部分是惩罚性赔偿,受害人可以主张不超过第一部分损失两倍以下的惩罚性赔偿,如第一部分赔偿金总计为50万元,受害人除可以获得这50万元赔偿金外,还可以要求经营者承担100万元以下的惩罚性赔偿,具体金额由人民法院根据案件情形确定。

关联法规

《民法典》第1207条

第五十六条 【对经营者行政处罚的情形】经营者有下列情形之一,除承担相应的民事责任外,其他有关法律、法规对处罚机关和处罚方式有规定的,依照法律、法规的规定执行;法律、法规未作规定的,由工商行政管理部门或者其他有关行政部门责令改正,可以根据情节单处或者并处警告、没收违法所得、处以违法所得一倍以上十倍以下的罚款,没有违法所得的,处以五十万元以下的罚款;情节严重的,责令停业整顿、吊销营业执照:

(一)提供的商品或者服务不符合保障人身、财产安全要求的;

(二)在商品中掺杂、掺假,以假充真,以次充好,或者以不合格商品冒充合格商品的;

(三)生产国家明令淘汰的商品或者销售失效、变质的商品的;

(四)伪造商品的产地,伪造或者冒用他人的厂名、厂址,篡改生产日期,伪造或者冒用认证标志等质量标志的;

（五）销售的商品应当检验、检疫而未检验、检疫或者伪造检验、检疫结果的；

（六）对商品或者服务作虚假或者引人误解的宣传的；

（七）拒绝或者拖延有关行政部门责令对缺陷商品或者服务采取停止销售、警示、召回、无害化处理、销毁、停止生产或者服务等措施的；

（八）对消费者提出的修理、重作、更换、退货、补足商品数量、退还货款和服务费用或者赔偿损失的要求，故意拖延或者无理拒绝的；

（九）侵害消费者人格尊严、侵犯消费者人身自由或者侵害消费者个人信息依法得到保护的权利的；

（十）法律、法规规定的对损害消费者权益应当予以处罚的其他情形。

经营者有前款规定情形的，除依照法律、法规规定予以处罚外，处罚机关应当记入信用档案，向社会公布。

条文注释

本条是关于经营者违反法定义务应当承担行政责任的规定。

根据本条第1款的规定，对经营者违法情节较轻的，有关行政部门可以采取责令改正的措施，经营者在限定期限内改正的可以不再采取其他处罚措施；如果违法经营者拒绝改正，或者违法情节较重的，有关行政部门可以采取第1款规定的其他处罚措施，警告、没收违法所得、罚款这三种处罚措施可以单处也可以并处；对情节严重的，可以直接责令违法经营者停业整顿或者吊销其营业执照。

根据本条第2款的规定，经营者有前款规定情形的，除依照法律、法规规定予以处罚外，处罚机关应当记入信用档案，向社会公布。根据本法以及其他法律、法规的要求，在对违法经营者予以行政处罚的同时，将其违法行为记入信用档案，并及时向社会公布，以利于公众查询，将违法经营者及其违法行为曝光，强化经营者的责任意识,引导企业诚信守法。

第五十七条 【刑事责任】经营者违反本法规定提供商品或者服务,侵害消费者合法权益,构成犯罪的,依法追究刑事责任。

关联法规

《刑法》第140~150条

第五十八条 【承担民事赔偿责任优先】经营者违反本法规定,应当承担民事赔偿责任和缴纳罚款、罚金,其财产不足以同时支付的,先承担民事赔偿责任。

条文注释

本条是关于民事赔偿责任优先原则的规定。

在民事责任与行政责任、刑事责任发生冲突时,民事责任优先。当然,民事责任优先原则的适用也是有条件的。第一,责任主体所承担的民事责任须合法有效,或基于法律的规定或基于约定。第二,责任主体的财产不足以同时满足民事责任、行政责任和刑事责任,如果都能满足,则三种责任并行不悖,责任人同时承担三种责任,只有在财产不足以同时满足时,才出现民事责任优先的问题。

第五十九条 【对行政处罚的复议或起诉】经营者对行政处罚决定不服的,可以依法申请行政复议或者提起行政诉讼。

条文注释

无论是本法,还是其他法律、法规,只要对经营者作出了行政处罚的决定,那么就应当从法律上赋予经营者对行政处罚决定不服时申请救济的权利。这既符合《行政处罚法》的规定,也是在消费者权益保护领域中对经营者利益的一种平衡,有利于增强经营者守法经营的信心。依照本条规定,经营者对行政处罚决定不服的,可以依法申请行政复议或者提起行政诉讼。

关联法规

《行政处罚法》第7条

《行政复议法》

《行政诉讼法》

第六十条 【阻碍执行职务的责任】以暴力、威胁等方法阻碍有关行政部门工作人员依法执行职务的，依法追究刑事责任；拒绝、阻碍有关行政部门工作人员依法执行职务，未使用暴力、威胁方法的，由公安机关依照《中华人民共和国治安管理处罚法》的规定处罚。

关联法规

《治安管理处罚法》第50条

《刑法》第277条

第六十一条 【执法者玩忽职守或包庇的责任】国家机关工作人员玩忽职守或者包庇经营者侵害消费者合法权益的行为的，由其所在单位或者上级机关给予行政处分；情节严重，构成犯罪的，依法追究刑事责任。

条文注释

2002年12月28日，全国人大常委会作出《关于〈中华人民共和国刑法〉第九章渎职罪主体适用问题的解释》，该解释对国家机关工作人员的主体范围作了规定。根据这一解释，依照法律、法规规定，在行使国家行政管理职权的组织中从事公务的人员，或者在受国家机关委托代表国家机关行使职权的组织中从事公务的人员，或者虽未列入国家机关人员编制但在国家机关中从事公务的人员，在代表国家机关行使职权时，也应当被视为国家机关工作人员。国家机关工作人员由于行使的是国家公权力，这些人员如果存在玩忽职守或者包庇行为，社会危害较大。本法的立法宗旨之一是加强对处于弱势地位的消费者保护,国家机关工作人员在消费者权益保护领域中如果存在玩忽职守或者包庇经营者侵害消费者权益的行为,社会危害性会更大。基于此,有必要对国家机关工作人员的上述行为追究相应法律责任,对有上述行为的国家机关工作人员进行惩戒,促使其规范执法,切实履行保护消费者合法权益的职责。

关联法规

《公务员法》第61、62条

《刑法》第397、412~414条

第八章　附　　则

第六十二条　【农资消费参照本法】农民购买、使用直接用于农业生产的生产资料,参照本法执行。

条文注释

本条是关于农民购买农业生产资料参照适用的规定。

之所以规定参照执行而非直接适用,主要是因为本法的调整范围是生活消费而非生产经营消费。为体现对农民权益的特殊保护,对农民购买、使用农资产品作了参照适用的规定。

第六十三条　【生效日期】本法自1994年1月1日起施行。

附录一

中华人民共和国民法典(节录)

(2020年5月28日第十三届全国人民
代表大会第三次会议通过)

第七编　侵权责任

第二章　损害赔偿

第一千一百七十九条　【人身损害赔偿范围】侵害他人造成人身损害的,应当赔偿医疗费、护理费、交通费、营养费、住院伙食补助费等为治疗和康复支出的合理费用,以及因误工减少的收入。造成残疾的,还应当赔偿辅助器具费和残疾赔偿金;造成死亡的,还应当赔偿丧葬费和死亡赔偿金。

第一千一百八十条　【以相同数额确定死亡赔偿金】因同一侵权行为造成多人死亡的,可以以相同数额确定死亡赔偿金。

第一千一百八十一条　【被侵权人死亡后请求权主体的确定】被侵权人死亡的,其近亲属有权请求侵权人承担侵权责任。被侵权人为组织,该组织分立、合并的,承继权利的组织有权请求侵权人承担侵权责任。

被侵权人死亡的,支付被侵权人医疗费、丧葬费等合理费用的人有权请求侵权人赔偿费用,但是侵权人已经支付该费用的除外。

第一千一百八十二条　【侵害他人人身权益造成财产损失的赔偿数额的确定】侵害他人人身权益造成财产损失的,按照被侵权人因此受到的损失或者侵权人因此获得的利益赔偿;被侵权人因此受到的损失以及侵权人因此获得的利益难以确定,被侵权人和侵权人就赔偿数额协商不一致,向人民法院提起诉讼的,由人民法院根据实际情况确定赔偿数额。

第一千一百八十三条　【精神损害赔偿】侵害自然人人身权益造成严重精神损害的,被侵权人有权请求精神损害赔偿。

因故意或者重大过失侵害自然人具有人身意义的特定物造成严重精神损害的,被侵权人有权请求精神损害赔偿。

第一千一百八十四条　【财产损失计算方式】侵害他人财产的,财产损失按照损失发生时的市场价格或者其他合理方式计算。

第一千一百八十五条　【侵害知识产权的惩罚性赔偿】故意侵害他人知识产权,情节严重的,被侵权人有权请求相应的惩罚性赔偿。

第一千一百八十六条　【公平责任原则】受害人和行为人对损害的发生都没有过错的,依照法律的规定由双方分担损失。

第一千一百八十七条　【赔偿费用支付方式】损害发生后,当事人可以协商赔偿费用的支付方式。协商不一致的,赔偿费用应当一次性支付;一次性支付确有困难的,可以分期支付,但是被侵权人有权请求提供相应的担保。

第三章　责任主体的特殊规定

第一千一百九十四条　【网络侵权责任】网络用户、网络服务提供者利用网络侵害他人民事权益的,应当承担侵权责任。法律另有规定的,依照其规定。

第一千一百九十五条　【网络服务提供者侵权补救措施与责任承担】网络用户利用网络服务实施侵权行为的,权利人有权通知网络服务提供者采取删除、屏蔽、断开链接等必要措施。通知应当包括构成侵权的初步证据及权利人的真实身份信息。

网络服务提供者接到通知后,应当及时将该通知转送相关网络用户,并根据构成侵权的初步证据和服务类型采取必要措施;未及时采取必要措施的,对损害的扩大部分与该网络用户承担连带责任。

权利人因错误通知造成网络用户或者网络服务提供者损害的,应当承担侵权责任。法律另有规定的,依照其规定。

第一千一百九十六条 【不侵权声明】网络用户接到转送的通知后，可以向网络服务提供者提交不存在侵权行为的声明。声明应当包括不存在侵权行为的初步证据及网络用户的真实身份信息。

网络服务提供者接到声明后，应当将该声明转送发出通知的权利人，并告知其可以向有关部门投诉或者向人民法院提起诉讼。网络服务提供者在转送声明到达权利人后的合理期限内，未收到权利人已经投诉或者提起诉讼通知的，应当及时终止所采取的措施。

第一千一百九十七条 【网络服务提供者的连带责任】网络服务提供者知道或者应当知道网络用户利用其网络服务侵害他人民事权益，未采取必要措施的，与该网络用户承担连带责任。

第一千一百九十八条 【安全保障义务人责任】宾馆、商场、银行、车站、机场、体育场馆、娱乐场所等经营场所、公共场所的经营者、管理者或者群众性活动的组织者，未尽到安全保障义务，造成他人损害的，应当承担侵权责任。

因第三人的行为造成他人损害的，由第三人承担侵权责任；经营者、管理者或者组织者未尽到安全保障义务的，承担相应的补充责任。经营者、管理者或者组织者承担补充责任后，可以向第三人追偿。

第四章 产品责任

第一千二百零二条 【产品生产者责任】因产品存在缺陷造成他人损害的，生产者应当承担侵权责任。

第一千二百零三条 【被侵权人请求损害赔偿的途径和先行赔偿人追偿权】因产品存在缺陷造成他人损害的，被侵权人可以向产品的生产者请求赔偿，也可以向产品的销售者请求赔偿。

产品缺陷由生产者造成的，销售者赔偿后，有权向生产者追偿。因销售者的过错使产品存在缺陷的，生产者赔偿后，有权向销售者追偿。

第一千二百零四条 【生产者和销售者对有过错第三人的追偿权】因运输者、仓储者等第三人的过错使产品存在缺陷，造成他人损害的，产品的生产者、销售者赔偿后，有权向第三人追偿。

第一千二百零五条 【危及他人人身、财产安全的责任承担方式】因产品缺陷危及他人人身、财产安全的，被侵权人有权请求生产者、销售者承担停止侵害、排除妨碍、消除危险等侵权责任。

第一千二百零六条　【流通后发现有缺陷的补救措施和侵权责任】产品投入流通后发现存在缺陷的，生产者、销售者应当及时采取停止销售、警示、召回等补救措施；未及时采取补救措施或者补救措施不力造成损害扩大的，对扩大的损害也应当承担侵权责任。

依据前款规定采取召回措施的，生产者、销售者应当负担被侵权人因此支出的必要费用。

第一千二百零七条　【产品责任惩罚性赔偿】明知产品存在缺陷仍然生产、销售，或者没有依据前条规定采取有效补救措施，造成他人死亡或者健康严重损害的，被侵权人有权请求相应的惩罚性赔偿。

中华人民共和国产品质量法

（1993年2月22日第七届全国人民代表大会常务委员会第三十次会议通过　根据2000年7月8日第九届全国人民代表大会常务委员会第十六次会议《关于修改〈中华人民共和国产品质量法〉的决定》第一次修正　根据2009年8月27日第十一届全国人民代表大会常务委员会第十次会议《关于修改部分法律的决定》第二次修正　根据2018年12月29日第十三届全国人民代表大会常务委员会第七次会议《关于修改〈中华人民共和国产品质量法〉等五部法律的决定》第三次修正）

目　　录

第一章 总 则

第一条 【立法目的】为了加强对产品质量的监督管理,提高产品质量水平,明确产品质量责任,保护消费者的合法权益,维护社会经济秩序,制定本法。

第二条 【适用范围】在中华人民共和国境内从事产品生产、销售活动,必须遵守本法。

本法所称产品是指经过加工、制作,用于销售的产品。

建设工程不适用本法规定;但是,建设工程使用的建筑材料、建筑构配件和设备,属于前款规定的产品范围的,适用本法规定。

第三条 【生产者、销售者质量管理责任】生产者、销售者应当建立健全内部产品质量管理制度,严格实施岗位质量规范、质量责任以及相应的考核办法。

第四条 【责任依据】生产者、销售者依照本法规定承担产品质量责任。

第五条 【禁止性条款】禁止伪造或者冒用认证标志等质量标志;禁止伪造产品的产地,伪造或者冒用他人的厂名、厂址;禁止在生产、销售的产品中掺杂、掺假,以假充真,以次充好。

第六条 【国家扶持】国家鼓励推行科学的质量管理方法,采用先进的科学技术,鼓励企业产品质量达到并且超过行业标准、国家标准和国际标准。

对产品质量管理先进和产品质量达到国际先进水平、成绩显著的单位和个人,给予奖励。

第七条 【政府职责】各级人民政府应当把提高产品质量纳入国民经济和社会发展规划,加强对产品质量工作的统筹规划和组织领导,引导、督促生产者、销售者加强产品质量管理,提高产品质量,组织各有关部门依法采取措施,制止产品生产、销售中违反本法规定的行为,保障本法的施行。

第八条 【主管部门】国务院市场监督管理部门主管全国产品质量监督工作。国务院有关部门在各自的职责范围内负责产品质量监督工作。

县级以上地方市场监督管理部门主管本行政区域内的产品质量监督工作。县级以上地方人民政府有关部门在各自的职责范围内负责产品质量监督工作。

法律对产品质量的监督部门另有规定的,依照有关法律的规定执行。

第九条 【工作人员职责】各级人民政府工作人员和其他国家机关工作人员不得滥用职权、玩忽职守或者徇私舞弊,包庇、放纵本地区、本系统发生的产品生产、销售中违反本法规定的行为,或者阻挠、干预依法对产品生产、销售中违反本法规定的行为进行查处。

各级地方人民政府和其他国家机关有包庇、放纵产品生产、销售中违反本法规定的行为的,依法追究其主要负责人的法律责任。

第十条 【检举和奖励】任何单位和个人有权对违反本法规定的行为,向市场监督管理部门或者其他有关部门检举。

市场监督管理部门和有关部门应当为检举人保密,并按照省、自治区、直辖市人民政府的规定给予奖励。

第十一条 【市场准入】任何单位和个人不得排斥非本地区或者非本系统企业生产的质量合格产品进入本地区、本系统。

第二章 产品质量的监督

第十二条 【产品质量检验】产品质量应当检验合格,不得以不合格产品冒充合格产品。

第十三条 【产品安全】可能危及人体健康和人身、财产安全的工业产品,必须符合保障人体健康和人身、财产安全的国家标准、行业标准;未制定国家标准、行业标准的,必须符合保障人体健康和人身、财产安全的要求。

禁止生产、销售不符合保障人体健康和人身、财产安全的标准和要求的工业产品。具体管理办法由国务院规定。

第十四条 【质量体系认证】国家根据国际通用的质量管理标准，推行企业质量体系认证制度。企业根据自愿原则可以向国务院市场监督管理部门认可的或者国务院市场监督管理部门授权的部门认可的认证机构申请企业质量体系认证。经认证合格的，由认证机构颁发企业质量体系认证证书。

国家参照国际先进的产品标准和技术要求，推行产品质量认证制度。企业根据自愿原则可以向国务院市场监督管理部门认可的或者国务院市场监督管理部门授权的部门认可的认证机构申请产品质量认证。经认证合格的，由认证机构颁发产品质量认证证书，准许企业在产品或者其包装上使用产品质量认证标志。

第十五条 【质量监督检查】国家对产品质量实行以抽查为主要方式的监督检查制度，对可能危及人体健康和人身、财产安全的产品，影响国计民生的重要工业产品以及消费者、有关组织反映有质量问题的产品进行抽查。抽查的样品应当在市场上或者企业成品仓库内的待销产品中随机抽取。监督抽查工作由国务院市场监督管理部门规划和组织。县级以上地方市场监督管理部门在本行政区域内也可以组织监督抽查。法律对产品质量的监督检查另有规定的，依照有关法律的规定执行。

国家监督抽查的产品，地方不得另行重复抽查；上级监督抽查的产品，下级不得另行重复抽查。

根据监督抽查的需要，可以对产品进行检验。检验抽取样品的数量不得超过检验的合理需要，并不得向被检查人收取检验费用。监督抽查所需检验费用按照国务院规定列支。

生产者、销售者对抽查检验的结果有异议的，可以自收到检验结果之日起十五日内向实施监督抽查的市场监督管理部门或者其上级市场监督管理部门申请复检，由受理复检的市场监督管理部门作出复检结论。

第十六条 【质量检查配合】对依法进行的产品质量监督检查，生产者、销售者不得拒绝。

第十七条 【质量不合格的处理】依照本法规定进行监督抽查的产

品质量不合格的，由实施监督抽查的市场监督管理部门责令其生产者、销售者限期改正。逾期不改正的，由省级以上人民政府市场监督管理部门予以公告；公告后经复查仍不合格的，责令停业，限期整顿；整顿期满后经复查产品质量仍不合格的，吊销营业执照。

监督抽查的产品有严重质量问题的，依照本法第五章的有关规定处罚。

第十八条　【对涉嫌违法行为的查处】县级以上市场监督管理部门根据已经取得的违法嫌疑证据或者举报，对涉嫌违反本法规定的行为进行查处时，可以行使下列职权：

（一）对当事人涉嫌从事违反本法的生产、销售活动的场所实施现场检查；

（二）向当事人的法定代表人、主要负责人和其他有关人员调查、了解与涉嫌从事违反本法的生产、销售活动有关的情况；

（三）查阅、复制当事人有关的合同、发票、帐簿以及其他有关资料；

（四）对有根据认为不符合保障人体健康和人身、财产安全的国家标准、行业标准的产品或者有其他严重质量问题的产品，以及直接用于生产、销售该项产品的原辅材料、包装物、生产工具，予以查封或者扣押。

第十九条　【检验机构资格】产品质量检验机构必须具备相应的检测条件和能力，经省级以上人民政府市场监督管理部门或者其授权的部门考核合格后，方可承担产品质量检验工作。法律、行政法规对产品质量检验机构另有规定的，依照有关法律、行政法规的规定执行。

第二十条　【中介机构设立】从事产品质量检验、认证的社会中介机构必须依法设立，不得与行政机关和其他国家机关存在隶属关系或者其他利益关系。

第二十一条　【质量检验及认证要求】产品质量检验机构、认证机构必须依法按照有关标准，客观、公正地出具检验结果或者认证证明。

产品质量认证机构应当依照国家规定对准许使用认证标志的产品进行认证后的跟踪检查；对不符合认证标准而使用认证标志的，要求其改正；情节严重的，取消其使用认证标志的资格。

第二十二条　【消费者权利】消费者有权就产品质量问题，向产品的生产者、销售者查询；向市场监督管理部门及有关部门申诉，接受申诉的部门应当负责处理。

第二十三条 【支持起诉】保护消费者权益的社会组织可以就消费者反映的产品质量问题建议有关部门负责处理，支持消费者对因产品质量造成的损害向人民法院起诉。

第二十四条 【产品质量状况公告】国务院和省、自治区、直辖市人民政府的市场监督管理部门应当定期发布其监督抽查的产品的质量状况公告。

第二十五条 【质检部门推荐禁止】市场监督管理部门或者其他国家机关以及产品质量检验机构不得向社会推荐生产者的产品；不得以对产品进行监制、监销等方式参与产品经营活动。

第三章 生产者、销售者的产品质量责任和义务

第一节 生产者的产品质量责任和义务

第二十六条 【生产者产品质量责任】生产者应当对其生产的产品质量负责。

产品质量应当符合下列要求：

（一）不存在危及人身、财产安全的不合理的危险，有保障人体健康和人身、财产安全的国家标准、行业标准的，应当符合该标准；

（二）具备产品应当具备的使用性能，但是，对产品存在使用性能的瑕疵作出说明的除外；

（三）符合在产品或者其包装上注明采用的产品标准，符合以产品说明、实物样品等方式表明的质量状况。

第二十七条 【标识要求】产品或者其包装上的标识必须真实，并符合下列要求：

（一）有产品质量检验合格证明；

（二）有中文标明的产品名称、生产厂厂名和厂址；

（三）根据产品的特点和使用要求，需要标明产品规格、等级、所含主要成份的名称和含量的，用中文相应予以标明；需要事先让消费者知晓

的,应当在外包装上标明,或者预先向消费者提供有关资料;

(四)限期使用的产品,应当在显著位置清晰地标明生产日期和安全使用期或者失效日期;

(五)使用不当,容易造成产品本身损坏或者可能危及人身、财产安全的产品,应当有警示标志或者中文警示说明。

裸装的食品和其他根据产品的特点难以附加标识的裸装产品,可以不附加产品标识。

第二十八条 【特殊产品包装】易碎、易燃、易爆、有毒、有腐蚀性、有放射性等危险物品以及储运中不能倒置和其他有特殊要求的产品,其包装质量必须符合相应要求,依照国家有关规定作出警示标志或者中文警示说明,标明储运注意事项。

第二十九条 【淘汰产品禁止生产】生产者不得生产国家明令淘汰的产品。

第三十条 【伪造产地、厂名、厂址的禁止】生产者不得伪造产地,不得伪造或者冒用他人的厂名、厂址。

第三十一条 【禁止伪造、冒用质量标志】生产者不得伪造或者冒用认证标志等质量标志。

第三十二条 【掺假禁止】生产者生产产品,不得掺杂、掺假,不得以假充真、以次充好,不得以不合格产品冒充合格产品。

第二节 销售者的产品质量责任和义务

第三十三条 【进货检验】销售者应当建立并执行进货检查验收制度,验明产品合格证明和其他标识。

第三十四条 【产品质量保持】销售者应当采取措施,保持销售产品的质量。

第三十五条 【失效产品禁止销售】销售者不得销售国家明令淘汰并停止销售的产品和失效、变质的产品。

第三十六条 【标识要求】销售者销售的产品的标识应当符合本法第二十七条的规定。

第三十七条 【伪造产地、厂址、厂名禁止】销售者不得伪造产地,不得伪造或者冒用他人的厂名、厂址。

第三十八条 【认证标志冒用、伪造禁止】销售者不得伪造或者冒用认证标志等质量标志。

第三十九条 【掺假禁止】销售者销售产品,不得掺杂、掺假,不得以假充真、以次充好,不得以不合格产品冒充合格产品。

第四章 损害赔偿

第四十条 【售出产品不合格时的处理】售出的产品有下列情形之一的,销售者应当负责修理、更换、退货;给购买产品的消费者造成损失的,销售者应当赔偿损失:

(一)不具备产品应当具备的使用性能而事先未作说明的;

(二)不符合在产品或者其包装上注明采用的产品标准的;

(三)不符合以产品说明、实物样品等方式表明的质量状况的。

销售者依照前款规定负责修理、更换、退货、赔偿损失后,属于生产者的责任或者属于向销售者提供产品的其他销售者(以下简称供货者)的责任的,销售者有权向生产者、供货者追偿。

销售者未按照第一款规定给予修理、更换、退货或者赔偿损失的,由市场监督管理部门责令改正。

生产者之间,销售者之间,生产者与销售者之间订立的买卖合同、承揽合同有不同约定的,合同当事人按照合同约定执行。

第四十一条 【生产者责任承担情形】因产品存在缺陷造成人身、缺陷产品以外的其他财产(以下简称他人财产)损害的,生产者应当承担赔偿责任。

生产者能够证明有下列情形之一的,不承担赔偿责任:

(一)未将产品投入流通的;

(二)产品投入流通时,引起损害的缺陷尚不存在的;

(三)将产品投入流通时的科学技术水平尚不能发现缺陷的存在的。

第四十二条 【销售者责任承担情形】由于销售者的过错使产品存在缺陷,造成人身、他人财产损害的,销售者应当承担赔偿责任。

销售者不能指明缺陷产品的生产者也不能指明缺陷产品的供货者

的,销售者应当承担赔偿责任。

第四十三条 【产品损害赔偿责任的承担】因产品存在缺陷造成人身、他人财产损害的,受害人可以向产品的生产者要求赔偿,也可以向产品的销售者要求赔偿。属于产品的生产者的责任,产品的销售者赔偿的,产品的销售者有权向产品的生产者追偿。属于产品的销售者的责任,产品的生产者赔偿的,产品的生产者有权向产品的销售者追偿。

第四十四条 【赔偿范围】因产品存在缺陷造成受害人人身伤害的,侵害人应当赔偿医疗费、治疗期间的护理费、因误工减少的收入等费用;造成残疾的,还应当支付残疾者生活自助具费、生活补助费、残疾赔偿金以及由其扶养的人所必需的生活费等费用;造成受害人死亡的,并应当支付丧葬费、死亡赔偿金以及由死者生前扶养的人所必需的生活费等费用。

因产品存在缺陷造成受害人财产损失的,侵害人应当恢复原状或者折价赔偿。受害人因此遭受其他重大损失的,侵害人应当赔偿损失。

第四十五条 【诉讼时效】因产品存在缺陷造成损害要求赔偿的诉讼时效期间为二年,自当事人知道或者应当知道其权益受到损害时起计算。

因产品存在缺陷造成损害要求赔偿的请求权,在造成损害的缺陷产品交付最初消费者满十年丧失;但是,尚未超过明示的安全使用期的除外。

第四十六条 【缺陷解释】本法所称缺陷,是指产品存在危及人身、他人财产安全的不合理的危险;产品有保障人体健康和人身、财产安全的国家标准、行业标准的,是指不符合该标准。

第四十七条 【质量纠纷解决办法】因产品质量发生民事纠纷时,当事人可以通过协商或者调解解决。当事人不愿通过协商、调解解决或者协商、调解不成的,可以根据当事人各方的协议向仲裁机构申请仲裁;当事人各方没有达成仲裁协议或者仲裁协议无效的,可以直接向人民法院起诉。

第四十八条 【质检委托】仲裁机构或者人民法院可以委托本法第十九条规定的产品质量检验机构,对有关产品质量进行检验。

第五章 罚 则

第四十九条 【违反安全标准规定的处理】生产、销售不符合保障人体健康和人身、财产安全的国家标准、行业标准的产品的,责令停止生产、销售,没收违法生产、销售的产品,并处违法生产、销售产品(包括已售出和未售出的产品,下同)货值金额等值以上三倍以下的罚款;有违法所得的,并处没收违法所得;情节严重的,吊销营业执照;构成犯罪的,依法追究刑事责任。

第五十条 【掺假处理】在产品中掺杂、掺假,以假充真,以次充好,或者以不合格产品冒充合格产品的,责令停止生产、销售,没收违法生产、销售的产品,并处违法生产、销售产品货值金额百分之五十以上三倍以下的罚款;有违法所得的,并处没收违法所得;情节严重的,吊销营业执照;构成犯罪的,依法追究刑事责任。

第五十一条 【生产禁止性产品处理】生产国家明令淘汰的产品的,销售国家明令淘汰并停止销售的产品的,责令停止生产、销售,没收违法生产、销售的产品,并处违法生产、销售产品货值金额等值以下的罚款;有违法所得的,并处没收违法所得;情节严重的,吊销营业执照。

第五十二条 【销售失效产品处理】销售失效、变质的产品的,责令停止销售,没收违法销售的产品,并处违法销售产品货值金额二倍以下的罚款;有违法所得的,并处没收违法所得;情节严重的,吊销营业执照;构成犯罪的,依法追究刑事责任。

第五十三条 【伪造产地、厂名、厂址的处理】伪造产品产地的,伪造或者冒用他人厂名、厂址的,伪造或者冒用认证标志等质量标志的,责令改正,没收违法生产、销售的产品,并处违法生产、销售产品货值金额等值以下的罚款;有违法所得的,并处没收违法所得;情节严重的,吊销营业执照。

第五十四条 【标识不合格的处理】产品标识不符合本法第二十七条规定的,责令改正;有包装的产品标识不符合本法第二十七条第(四)项、第(五)项规定,情节严重的,责令停止生产、销售,并处违法生产、销售产品货值金额百分之三十以下的罚款;有违法所得的,并处没收违法所得。

第五十五条 【从轻情节】销售者销售本法第四十九条至第五十三条规定禁止销售的产品，有充分证据证明其不知道该产品为禁止销售的产品并如实说明其进货来源的，可以从轻或者减轻处罚。

第五十六条 【拒检处理】拒绝接受依法进行的产品质量监督检查的，给予警告，责令改正；拒不改正的，责令停业整顿；情节特别严重的，吊销营业执照。

第五十七条 【伪造检验证明的处理】产品质量检验机构、认证机构伪造检验结果或者出具虚假证明的，责令改正，对单位处五万元以上十万元以下的罚款，对直接负责的主管人员和其他直接责任人员处一万元以上五万元以下的罚款；有违法所得的，并处没收违法所得；情节严重的，取消其检验资格、认证资格；构成犯罪的，依法追究刑事责任。

产品质量检验机构、认证机构出具的检验结果或者证明不实，造成损失的，应当承担相应的赔偿责任；造成重大损失的，撤销其检验资格、认证资格。

产品质量认证机构违反本法第二十一条第二款的规定，对不符合认证标准而使用认证标志的产品，未依法要求其改正或者取消其使用认证标志资格的，对因产品不符合认证标准给消费者造成的损失，与产品的生产者、销售者承担连带责任；情节严重的，撤销其认证资格。

第五十八条 【团体、中介机构连带责任】社会团体、社会中介机构对产品质量作出承诺、保证，而该产品又不符合其承诺、保证的质量要求，给消费者造成损失的，与产品的生产者、销售者承担连带责任。

第五十九条 【广告误导处理】在广告中对产品质量作虚假宣传，欺骗和误导消费者的，依照《中华人民共和国广告法》的规定追究法律责任。

第六十条 【伪劣产品生产工具的没收责任】对生产者专门用于生产本法第四十九条、第五十一条所列的产品或者以假充真的产品的原辅材料、包装物、生产工具，应当予以没收。

第六十一条 【非法运输、保管仓储的处理】知道或者应当知道属于本法规定禁止生产、销售的产品而为其提供运输、保管、仓储等便利条件的，或者为以假充真的产品提供制假生产技术的，没收全部运输、保管、仓储或者提供制假生产技术的收入，并处违法收入百分之五十以上三倍以下的罚款；构成犯罪的，依法追究刑事责任。

第六十二条　【违反第49条至第52条的处理】服务业的经营者将本法第四十九条至第五十二条规定禁止销售的产品用于经营性服务的，责令停止使用；对知道或者应当知道所使用的产品属于本法规定禁止销售的产品的，按照违法使用的产品（包括已使用和尚未使用的产品）的货值金额，依照本法对销售者的处罚规定处罚。

第六十三条　【封、押物品隐匿、变卖的处理】隐匿、转移、变卖、损毁被市场监督管理部门查封、扣押的物品的，处被隐匿、转移、变卖、损毁物品货值金额等值以上三倍以下的罚款；有违法所得的，并处没收违法所得。

第六十四条　【执行优先的规定】违反本法规定，应当承担民事赔偿责任和缴纳罚款、罚金，其财产不足以同时支付时，先承担民事赔偿责任。

第六十五条　【对政府工作人员的处罚】各级人民政府工作人员和其他国家机关工作人员有下列情形之一的，依法给予行政处分；构成犯罪的，依法追究刑事责任：

（一）包庇、放纵产品生产、销售中违反本法规定行为的；

（二）向从事违反本法规定的生产、销售活动的当事人通风报信，帮助其逃避查处的；

（三）阻挠、干预市场监督管理部门依法对产品生产、销售中违反本法规定的行为进行查处，造成严重后果的。

第六十六条　【质检部门超规索样和收取处理检验费】市场监督管理部门在产品质量监督抽查中超过规定的数量索取样品或者向被检查人收取检验费用的，由上级市场监督管理部门或者监察机关责令退还；情节严重的，对直接负责的主管人员和其他直接责任人员依法给予行政处分。

第六十七条　【质检部门违反第25条的处理】市场监督管理部门或者其他国家机关违反本法第二十五条的规定，向社会推荐生产者的产品或者以监制、监销等方式参与产品经营活动的，由其上级机关或者监察机关责令改正，消除影响，有违法收入的予以没收；情节严重的，对直接负责的主管人员和其他直接责任人员依法给予行政处分。

产品质量检验机构有前款所列违法行为的，由市场监督管理部门责令改正，消除影响，有违法收入的予以没收，可以并处违法收入一倍以下的罚款；情节严重的，撤销其质量检验资格。

第六十八条 【渎职处罚】市场监督管理部门的工作人员滥用职权、玩忽职守、徇私舞弊，构成犯罪的，依法追究刑事责任；尚不构成犯罪的，依法给予行政处分。

第六十九条 【阻扰公务的处罚】以暴力、威胁方法阻碍市场监督管理部门的工作人员依法执行职务的，依法追究刑事责任；拒绝、阻碍未使用暴力、威胁方法的，由公安机关依照治安管理处罚法的规定处罚。

第七十条 【处罚权限】本法第四十九条至第五十七条、第六十条至第六十三条规定的行政处罚由市场监督管理部门决定。法律、行政法规对行使行政处罚权的机关另有规定的，依照有关法律、行政法规的规定执行。

第七十一条 【没收产品处理】对依照本法规定没收的产品，依照国家有关规定进行销毁或者采取其他方式处理。

第七十二条 【货值计算】本法第四十九条至第五十四条、第六十二条、第六十三条所规定的货值金额以违法生产、销售产品的标价计算；没有标价的，按照同类产品的市场价格计算。

第六章 附 则

第七十三条 【特殊规定】军工产品质量监督管理办法，由国务院、中央军事委员会另行制定。

因核设施、核产品造成损害的赔偿责任，法律、行政法规另有规定的，依照其规定。

第七十四条 【施行日期】本法自 1993 年 9 月 1 日起施行。

中华人民共和国反不正当竞争法

（1993年9月2日第八届全国人民代表大会常务委员会第三次会议通过　2017年11月4日第十二届全国人民代表大会常务委员会第三十次会议修订　根据2019年4月23日第十三届全国人民代表大会常务委员会第十次会议《关于修改〈中华人民共和国建筑法〉等八部法律的决定》修正）

目　　录

第一章　总　　则

第一条　【立法目的】为了促进社会主义市场经济健康发展，鼓励和保护公平竞争，制止不正当竞争行为，保护经营者和消费者的合法权益，制定本法。

第二条　【原则与概念】经营者在生产经营活动中，应当遵循自愿、平等、公平、诚信的原则，遵守法律和商业道德。

本法所称的不正当竞争行为，是指经营者在生产经营活动中，违反本法规定，扰乱市场竞争秩序，损害其他经营者或者消费者的合法权益的行为。

本法所称的经营者，是指从事商品生产、经营或者提供服务（以下所称商品包括服务）的自然人、法人和非法人组织。

第三条　【各级政府职责】各级人民政府应当采取措施，制止不正当竞争行为，为公平竞争创造良好的环境和条件。

国务院建立反不正当竞争工作协调机制，研究决定反不正当竞争重大政策，协调处理维护市场竞争秩序的重大问题。

第四条　【政府部门职责】县级以上人民政府履行工商行政管理职责的部门对不正当竞争行为进行查处；法律、行政法规规定由其他部门查处的，依照其规定。

第五条　【监督、自律】国家鼓励、支持和保护一切组织和个人对不正当竞争行为进行社会监督。

国家机关及其工作人员不得支持、包庇不正当竞争行为。

行业组织应当加强行业自律，引导、规范会员依法竞争，维护市场竞争秩序。

第二章　不正当竞争行为

第六条　【禁止实施混淆行为】经营者不得实施下列混淆行为，引人误认为是他人商品或者与他人存在特定联系：

（一）擅自使用与他人有一定影响的商品名称、包装、装潢等相同或者近似的标识；

（二）擅自使用他人有一定影响的企业名称（包括简称、字号等）、社会组织名称（包括简称等）、姓名（包括笔名、艺名、译名等）；

（三）擅自使用他人有一定影响的域名主体部分、网站名称、网页等；

（四）其他足以引人误认为是他人商品或者与他人存在特定联系的混淆行为。

第七条　【禁止贿赂方式经营】经营者不得采用财物或者其他手段贿赂下列单位或者个人，以谋取交易机会或者竞争优势：

（一）交易相对方的工作人员；

（二）受交易相对方委托办理相关事务的单位或者个人；

（三）利用职权或者影响力影响交易的单位或者个人。

经营者在交易活动中，可以以明示方式向交易相对方支付折扣，或者向中间人支付佣金。经营者向交易相对方支付折扣、向中间人支付佣金的,应当如实入账。接受折扣、佣金的经营者也应当如实入账。

经营者的工作人员进行贿赂的,应当认定为经营者的行为;但是,经营者有证据证明该工作人员的行为与为经营者谋取交易机会或者竞争优势无关的除外。

第八条 【禁止虚假或引人误解的商业宣传】经营者不得对其商品的性能、功能、质量、销售状况、用户评价、曾获荣誉等作虚假或者引人误解的商业宣传,欺骗、误导消费者。

经营者不得通过组织虚假交易等方式,帮助其他经营者进行虚假或者引人误解的商业宣传。

第九条 【禁止实施侵犯商业秘密的行为】经营者不得实施下列侵犯商业秘密的行为:

(一)以盗窃、贿赂、欺诈、胁迫、电子侵入或者其他不正当手段获取权利人的商业秘密;

(二)披露、使用或者允许他人使用以前项手段获取的权利人的商业秘密;

(三)违反保密义务或者违反权利人有关保守商业秘密的要求,披露、使用或者允许他人使用其所掌握的商业秘密;

(四)教唆、引诱、帮助他人违反保密义务或者违反权利人有关保守商业秘密的要求,获取、披露、使用或者允许他人使用权利人的商业秘密。

经营者以外的其他自然人、法人和非法人组织实施前款所列违法行为的,视为侵犯商业秘密。

第三人明知或者应知商业秘密权利人的员工、前员工或者其他单位、个人实施本条第一款所列违法行为,仍获取、披露、使用或者允许他人使用该商业秘密的,视为侵犯商业秘密。

本法所称的商业秘密,是指不为公众所知悉、具有商业价值并经权利人采取相应保密措施的技术信息、经营信息等商业信息。

第十条 【有奖销售的禁止情形】经营者进行有奖销售不得存在下列情形:

(一)所设奖的种类、兑奖条件、奖金金额或者奖品等有奖销售信息不明确,影响兑奖;

（二）采用谎称有奖或者故意让内定人员中奖的欺骗方式进行有奖销售；

（三）抽奖式的有奖销售，最高奖的金额超过五万元。

第十一条　【禁止损害商誉】经营者不得编造、传播虚假信息或者误导性信息，损害竞争对手的商业信誉、商品声誉。

第十二条　【网络生产经营规范】经营者利用网络从事生产经营活动，应当遵守本法的各项规定。

经营者不得利用技术手段，通过影响用户选择或者其他方式，实施下列妨碍、破坏其他经营者合法提供的网络产品或者服务正常运行的行为：

（一）未经其他经营者同意，在其合法提供的网络产品或者服务中，插入链接、强制进行目标跳转；

（二）误导、欺骗、强迫用户修改、关闭、卸载其他经营者合法提供的网络产品或者服务；

（三）恶意对其他经营者合法提供的网络产品或者服务实施不兼容；

（四）其他妨碍、破坏其他经营者合法提供的网络产品或者服务正常运行的行为。

第三章　对涉嫌不正当竞争行为的调查

第十三条　【监督机关职权】监督检查部门调查涉嫌不正当竞争行为，可以采取下列措施：

（一）进入涉嫌不正当竞争行为的经营场所进行检查；

（二）询问被调查的经营者、利害关系人及其他有关单位、个人，要求其说明有关情况或者提供与被调查行为有关的其他资料；

（三）查询、复制与涉嫌不正当竞争行为有关的协议、账簿、单据、文件、记录、业务函电和其他资料；

（四）查封、扣押与涉嫌不正当竞争行为有关的财物；

（五）查询涉嫌不正当竞争行为的经营者的银行账户。

采取前款规定的措施，应当向监督检查部门主要负责人书面报告，并经批准。采取前款第四项、第五项规定的措施，应当向设区的市级以上人民政府监督检查部门主要负责人书面报告，并经批准。

监督检查部门调查涉嫌不正当竞争行为，应当遵守《中华人民共和国行政强制法》和其他有关法律、行政法规的规定，并应当将查处结果及时向社会公开。

第十四条 【被调查者的协作义务】监督检查部门调查涉嫌不正当竞争行为，被调查的经营者、利害关系人及其他有关单位、个人应当如实提供有关资料或者情况。

第十五条 【保密义务】监督检查部门及其工作人员对调查过程中知悉的商业秘密负有保密义务。

第十六条 【举报】对涉嫌不正当竞争行为，任何单位和个人有权向监督检查部门举报，监督检查部门接到举报后应当依法及时处理。

监督检查部门应当向社会公开受理举报的电话、信箱或者电子邮件地址，并为举报人保密。对实名举报并提供相关事实和证据的，监督检查部门应当将处理结果告知举报人。

第四章 法律责任

第十七条 【民事责任及赔偿范围】经营者违反本法规定，给他人造成损害的，应当依法承担民事责任。

经营者的合法权益受到不正当竞争行为损害的，可以向人民法院提起诉讼。

因不正当竞争行为受到损害的经营者的赔偿数额，按照其因被侵权所受到的实际损失确定；实际损失难以计算的，按照侵权人因侵权所获得的利益确定。经营者恶意实施侵犯商业秘密行为，情节严重的，可以在按照上述方法确定数额的一倍以上五倍以下确定赔偿数额。赔偿数额还应当包括经营者为制止侵权行为所支付的合理开支。

经营者违反本法第六条、第九条规定，权利人因被侵权所受到的实际损失、侵权人因侵权所获得的利益难以确定的，由人民法院根据侵权行为的情节判决给予权利人五百万元以下的赔偿。

第十八条 【实施混淆行为的责任】经营者违反本法第六条规定实施混淆行为的，由监督检查部门责令停止违法行为，没收违法商品。违法经营额五万元以上的，可以并处违法经营额五倍以下的罚款；没有违法经营额或者违法经营额不足五万元的，可以并处二十五万元以下的罚款。情节严重的，吊销营业执照。

经营者登记的企业名称违反本法第六条规定的，应当及时办理名称变更登记；名称变更前，由原企业登记机关以统一社会信用代码代替其名称。

第十九条 【贿赂责任】经营者违反本法第七条规定贿赂他人的，由监督检查部门没收违法所得，处十万元以上三百万元以下的罚款。情节严重的，吊销营业执照。

第二十条 【涉虚假或引人误解宣传的责任】经营者违反本法第八条规定对其商品作虚假或者引人误解的商业宣传，或者通过组织虚假交易等方式帮助其他经营者进行虚假或者引人误解的商业宣传的，由监督检查部门责令停止违法行为，处二十万元以上一百万元以下的罚款；情节严重的，处一百万元以上二百万元以下的罚款，可以吊销营业执照。

经营者违反本法第八条规定，属于发布虚假广告的，依照《中华人民共和国广告法》的规定处罚。

第二十一条 【侵犯商业秘密的责任】经营者以及其他自然人、法人和非法人组织违反本法第九条规定侵犯商业秘密的，由监督检查部门责令停止违法行为，没收违法所得，处十万元以上一百万元以下的罚款；情节严重的，处五十万元以上五百万元以下的罚款。

第二十二条 【违法有奖销售的责任】经营者违反本法第十条规定进行有奖销售的，由监督检查部门责令停止违法行为，处五万元以上五十万元以下的罚款。

第二十三条 【违法损害竞争对手商誉的责任】经营者违反本法第十一条规定损害竞争对手商业信誉、商品声誉的，由监督检查部门责令停止违法行为、消除影响，处十万元以上五十万元以下的罚款；情节严重的，处五十万元以上三百万元以下的罚款。

第二十四条 【妨碍、破坏网络产品或服务正常运行的责任】经营者违反本法第十二条规定妨碍、破坏其他经营者合法提供的网络产品或者服务正常运行的，由监督检查部门责令停止违法行为，处十万元以上五十万元以下的罚款；情节严重的，处五十万元以上三百万元以下的罚款。

第二十五条 【从轻或减轻、免予处罚】经营者违反本法规定从事不正当竞争，有主动消除或者减轻违法行为危害后果等法定情形的，依法从轻或者减轻行政处罚；违法行为轻微并及时纠正，没有造成危害后果的，不予行政处罚。

第二十六条 【信用记录公示】经营者违反本法规定从事不正当竞争，受到行政处罚的，由监督检查部门记入信用记录，并依照有关法律、行政法规的规定予以公示。

第二十七条 【民事责任优先承担】经营者违反本法规定，应当承担民事责任、行政责任和刑事责任，其财产不足以支付的，优先用于承担民事责任。

第二十八条 【拒绝、阻碍调查的责任】妨害监督检查部门依照本法履行职责，拒绝、阻碍调查的，由监督检查部门责令改正，对个人可以处五千元以下的罚款，对单位可以处五万元以下的罚款，并可以由公安机关依法给予治安管理处罚。

第二十九条 【行政复议或诉讼】当事人对监督检查部门作出的决定不服的，可以依法申请行政复议或者提起行政诉讼。

第三十条 【渎职处分】监督检查部门的工作人员滥用职权、玩忽职守、徇私舞弊或者泄露调查过程中知悉的商业秘密的，依法给予处分。

第三十一条 【刑事责任】违反本法规定，构成犯罪的，依法追究刑事责任。

第三十二条 【不存在侵犯商业秘密的证据提供】在侵犯商业秘密的民事审判程序中，商业秘密权利人提供初步证据，证明其已经对所主张的商业秘密采取保密措施，且合理表明商业秘密被侵犯，涉嫌侵权人应当证明权利人所主张的商业秘密不属于本法规定的商业秘密。

商业秘密权利人提供初步证据合理表明商业秘密被侵犯，且提供以下证据之一的，涉嫌侵权人应当证明其不存在侵犯商业秘密的行为：

（一）有证据表明涉嫌侵权人有渠道或者机会获取商业秘密，且其使用的信息与该商业秘密实质上相同；

（二）有证据表明商业秘密已经被涉嫌侵权人披露、使用或者有被披露、使用的风险；

（三）有其他证据表明商业秘密被涉嫌侵权人侵犯。

第五章 附 则

第三十三条 【施行日期】本法自 2018 年 1 月 1 日起施行。

中华人民共和国广告法

（1994 年 10 月 27 日第八届全国人民代表大会常务委员会第十次会议通过 2015 年 4 月 24 日第十二届全国人民代表大会常务委员会第十四次会议修订 根据 2018 年 10 月 26 日第十三届全国人民代表大会常务委员会第六次会议《关于修改〈中华人民共和国野生动物保护法〉等十五部法律的决定》第一次修正 根据 2021 年 4 月 29 日第十三届全国人民代表大会常务委员会第二十八次会议《关于修改〈中华人民共和国道路交通安全法〉等八部法律的决定》第二次修正）

目 录

第一章 总 则

第一条 【立法目的】为了规范广告活动，保护消费者的合法权益，促进广告业的健康发展，维护社会经济秩序，制定本法。

第二条 【调整范围及定义】在中华人民共和国境内，商品经营者或者服务提供者通过一定媒介和形式直接或者间接地介绍自己所推销的商品或者服务的商业广告活动,适用本法。

本法所称广告主,是指为推销商品或者服务,自行或者委托他人设计、制作、发布广告的自然人、法人或者其他组织。

本法所称广告经营者,是指接受委托提供广告设计、制作、代理服务的自然人、法人或者其他组织。

本法所称广告发布者,是指为广告主或者广告主委托的广告经营者发布广告的自然人、法人或者其他组织。

本法所称广告代言人,是指广告主以外的,在广告中以自己的名义或者形象对商品、服务作推荐、证明的自然人、法人或者其他组织。

第三条 【内容和形式要求】广告应当真实、合法,以健康的表现形式表达广告内容,符合社会主义精神文明建设和弘扬中华民族优秀传统文化的要求。

第四条 【真实性原则】广告不得含有虚假或者引人误解的内容,不得欺骗、误导消费者。

广告主应当对广告内容的真实性负责。

第五条 【基本行为规范】广告主、广告经营者、广告发布者从事广告活动,应当遵守法律、法规,诚实信用,公平竞争。

第六条 【监督管理体制】国务院市场监督管理部门主管全国的广告监督管理工作,国务院有关部门在各自的职责范围内负责广告管理相关工作。

县级以上地方市场监督管理部门主管本行政区域的广告监督管理工作,县级以上地方人民政府有关部门在各自的职责范围内负责广告管理相关工作。

第七条 【行业组织】广告行业组织依照法律、法规和章程的规定,制定行业规范,加强行业自律,促进行业发展,引导会员依法从事广告活动,推动广告行业诚信建设。

第二章 广告内容准则

第八条 【广告表述】广告中对商品的性能、功能、产地、用途、质量、成分、价格、生产者、有效期限、允诺等或者对服务的内容、提供者、形式、质量、价格、允诺等有表示的，应当准确、清楚、明白。

广告中表明推销的商品或者服务附带赠送的，应当明示所附带赠送商品或者服务的品种、规格、数量、期限和方式。

法律、行政法规规定广告中应当明示的内容，应当显著、清晰表示。

第九条 【一般禁止情形】广告不得有下列情形：

（一）使用或者变相使用中华人民共和国的国旗、国歌、国徽，军旗、军歌、军徽；

（二）使用或者变相使用国家机关、国家机关工作人员的名义或者形象；

（三）使用“国家级”、“最高级”、“最佳”等用语；

（四）损害国家的尊严或者利益，泄露国家秘密；

（五）妨碍社会安定，损害社会公共利益；

（六）危害人身、财产安全，泄露个人隐私；

（七）妨碍社会公共秩序或者违背社会良好风尚；

（八）含有淫秽、色情、赌博、迷信、恐怖、暴力的内容；

（九）含有民族、种族、宗教、性别歧视的内容；

（十）妨碍环境、自然资源或者文化遗产保护；

（十一）法律、行政法规规定禁止的其他情形。

第十条 【保护未成年人和残疾人】广告不得损害未成年人和残疾人的身心健康。

第十一条 【涉及行政许可和引证内容的广告】广告内容涉及的事项需要取得行政许可的，应当与许可的内容相符合。

广告使用数据、统计资料、调查结果、文摘、引用语等引证内容的，应当真实、准确，并表明出处。引证内容有适用范围和有效期限的，应当明确表示。

第十二条 【涉及专利的广告】广告中涉及专利产品或者专利方法的，应当标明专利号和专利种类。

未取得专利权的，不得在广告中谎称取得专利权。

禁止使用未授予专利权的专利申请和已经终止、撤销、无效的专利作广告。

第十三条　【广告不得含有贬低内容】广告不得贬低其他生产经营者的商品或者服务。

第十四条　【广告可识别性以及发布要求】广告应当具有可识别性，能够使消费者辨明其为广告。

大众传播媒介不得以新闻报道形式变相发布广告。通过大众传播媒介发布的广告应当显著标明“广告”，与其他非广告信息相区别，不得使消费者产生误解。

广播电台、电视台发布广告，应当遵守国务院有关部门关于时长、方式的规定，并应当对广告时长作出明显提示。

第十五条　【处方药、易制毒化学品、戒毒等广告】麻醉药品、精神药品、医疗用毒性药品、放射性药品等特殊药品，药品类易制毒化学品，以及戒毒治疗的药品、医疗器械和治疗方法，不得作广告。

前款规定以外的处方药，只能在国务院卫生行政部门和国务院药品监督管理部门共同指定的医学、药学专业刊物上作广告。

第十六条　【医疗、药品、医疗器械广告】医疗、药品、医疗器械广告不得含有下列内容：

（一）表示功效、安全性的断言或者保证；

（二）说明治愈率或者有效率；

（三）与其他药品、医疗器械的功效和安全性或者其他医疗机构比较；

（四）利用广告代言人作推荐、证明；

（五）法律、行政法规规定禁止的其他内容。

药品广告的内容不得与国务院药品监督管理部门批准的说明书不一致，并应当显著标明禁忌、不良反应。处方药广告应当显著标明“本广告仅供医学药学专业人士阅读”，非处方药广告应当显著标明“请按药品说明书或者在药师指导下购买和使用”。

推荐给个人自用的医疗器械的广告，应当显著标明“请仔细阅读产品说明书或者在医务人员的指导下购买和使用”。医疗器械产品注册证明文件中有禁忌内容、注意事项的，广告中应当显著标明“禁忌内容或者注意事项详见说明书”。

第十七条 【禁止使用医药用语】除医疗、药品、医疗器械广告外，禁止其他任何广告涉及疾病治疗功能，并不得使用医疗用语或者易使推销的商品与药品、医疗器械相混淆的用语。

第十八条 【保健食品广告】保健食品广告不得含有下列内容：

（一）表示功效、安全性的断言或者保证；

（二）涉及疾病预防、治疗功能；

（三）声称或者暗示广告商品为保障健康所必需；

（四）与药品、其他保健食品进行比较；

（五）利用广告代言人作推荐、证明；

（六）法律、行政法规规定禁止的其他内容。

保健食品广告应当显著标明"本品不能代替药物"。

第十九条 【禁止变相发布广告】广播电台、电视台、报刊音像出版单位、互联网信息服务提供者不得以介绍健康、养生知识等形式变相发布医疗、药品、医疗器械、保健食品广告。

第二十条 【母乳代用品广告】禁止在大众传播媒介或者公共场所发布声称全部或者部分替代母乳的婴儿乳制品、饮料和其他食品广告。

第二十一条 【农药、兽药、饲料和饲料添加剂广告】农药、兽药、饲料和饲料添加剂广告不得含有下列内容：

（一）表示功效、安全性的断言或者保证；

（二）利用科研单位、学术机构、技术推广机构、行业协会或者专业人士、用户的名义或者形象作推荐、证明；

（三）说明有效率；

（四）违反安全使用规程的文字、语言或者画面；

（五）法律、行政法规规定禁止的其他内容。

第二十二条 【烟草广告】禁止在大众传播媒介或者公共场所、公共交通工具、户外发布烟草广告。禁止向未成年人发送任何形式的烟草广告。

禁止利用其他商品或者服务的广告、公益广告，宣传烟草制品名称、商标、包装、装潢以及类似内容。

烟草制品生产者或者销售者发布的迁址、更名、招聘等启事中，不得含有烟草制品名称、商标、包装、装潢以及类似内容。

第二十三条　【酒类广告】酒类广告不得含有下列内容：

（一）诱导、怂恿饮酒或者宣传无节制饮酒；

（二）出现饮酒的动作；

（三）表现驾驶车、船、飞机等活动；

（四）明示或者暗示饮酒有消除紧张和焦虑、增加体力等功效。

第二十四条　【教育、培训广告】教育、培训广告不得含有下列内容：

（一）对升学、通过考试、获得学位学历或者合格证书，或者对教育、培训的效果作出明示或者暗示的保证性承诺；

（二）明示或者暗示有相关考试机构或者其工作人员、考试命题人员参与教育、培训；

（三）利用科研单位、学术机构、教育机构、行业协会、专业人士、受益者的名义或者形象作推荐、证明。

第二十五条　【有投资回报预期的商品或者服务广告】招商等有投资回报预期的商品或者服务广告，应当对可能存在的风险以及风险责任承担有合理提示或者警示，并不得含有下列内容：

（一）对未来效果、收益或者与其相关的情况作出保证性承诺，明示或者暗示保本、无风险或者保收益等，国家另有规定的除外；

（二）利用学术机构、行业协会、专业人士、受益者的名义或者形象作推荐、证明。

第二十六条　【房地产广告】房地产广告，房源信息应当真实，面积应当表明为建筑面积或者套内建筑面积，并不得含有下列内容：

（一）升值或者投资回报的承诺；

（二）以项目到达某一具体参照物的所需时间表示项目位置；

（三）违反国家有关价格管理的规定；

（四）对规划或者建设中的交通、商业、文化教育设施以及其他市政条件作误导宣传。

第二十七条　【种养殖广告】农作物种子、林木种子、草种子、种畜禽、水产苗种和种养殖广告关于品种名称、生产性能、生长量或者产量、品质、抗性、特殊使用价值、经济价值、适宜种植或者养殖的范围和条件等方面的表述应当真实、清楚、明白，并不得含有下列内容：

（一）作科学上无法验证的断言；

（二）表示功效的断言或者保证；

（三）对经济效益进行分析、预测或者作保证性承诺；

（四）利用科研单位、学术机构、技术推广机构、行业协会或者专业人士、用户的名义或者形象作推荐、证明。

第二十八条 【虚假广告】广告以虚假或者引人误解的内容欺骗、误导消费者的，构成虚假广告。

广告有下列情形之一的，为虚假广告：

（一）商品或者服务不存在的；

（二）商品的性能、功能、产地、用途、质量、规格、成分、价格、生产者、有效期限、销售状况、曾获荣誉等信息，或者服务的内容、提供者、形式、质量、价格、销售状况、曾获荣誉等信息，以及与商品或者服务有关的允诺等信息与实际情况不符，对购买行为有实质性影响的；

（三）使用虚构、伪造或者无法验证的科研成果、统计资料、调查结果、文摘、引用语等信息作证明材料的；

（四）虚构使用商品或者接受服务的效果的；

（五）以虚假或者引人误解的内容欺骗、误导消费者的其他情形。

第三章 广告行为规范

第二十九条 【从事广告发布业务的条件】广播电台、电视台、报刊出版单位从事广告发布业务的，应当设有专门从事广告业务的机构，配备必要的人员，具有与发布广告相适应的场所、设备。

第三十条 【广告合同】广告主、广告经营者、广告发布者之间在广告活动中应当依法订立书面合同。

第三十一条 【禁止不正当竞争】广告主、广告经营者、广告发布者不得在广告活动中进行任何形式的不正当竞争。

第三十二条 【受委托方的合法经营资格】广告主委托设计、制作、发布广告，应当委托具有合法经营资格的广告经营者、广告发布者。

第三十三条 【广告涉及他人人身权利时的义务】广告主或者广告

经营者在广告中使用他人名义或者形象的，应当事先取得其书面同意；使用无民事行为能力人、限制民事行为能力人的名义或者形象的，应当事先取得其监护人的书面同意。

第三十四条 【广告业务管理制度和查验、核对义务】广告经营者、广告发布者应当按照国家有关规定，建立、健全广告业务的承接登记、审核、档案管理制度。

广告经营者、广告发布者依据法律、行政法规查验有关证明文件，核对广告内容。对内容不符或者证明文件不全的广告，广告经营者不得提供设计、制作、代理服务，广告发布者不得发布。

第三十五条 【广告收费标准和办法】广告经营者、广告发布者应当公布其收费标准和收费办法。

第三十六条 【媒介传播效果资料真实】广告发布者向广告主、广告经营者提供的覆盖率、收视率、点击率、发行量等资料应当真实。

第三十七条 【不得提供广告服务的情形】法律、行政法规规定禁止生产、销售的产品或者提供的服务，以及禁止发布广告的商品或者服务，任何单位或者个人不得设计、制作、代理、发布广告。

第三十八条 【广告代言人的义务】广告代言人在广告中对商品、服务作推荐、证明，应当依据事实，符合本法和有关法律、行政法规规定，并不得为其未使用过的商品或者未接受过的服务作推荐、证明。

不得利用不满十周岁的未成年人作为广告代言人。

对在虚假广告中作推荐、证明受到行政处罚未满三年的自然人、法人或者其他组织，不得利用其作为广告代言人。

第三十九条 【广告不得侵扰中小学生、幼儿】不得在中小学校、幼儿园内开展广告活动，不得利用中小学生和幼儿的教材、教辅材料、练习册、文具、教具、校服、校车等发布或者变相发布广告，但公益广告除外。

第四十条 【针对未成年人的广告】在针对未成年人的大众传播媒介上不得发布医疗、药品、保健食品、医疗器械、化妆品、酒类、美容广告，以及不利于未成年人身心健康的网络游戏广告。

针对不满十四周岁的未成年人的商品或者服务的广告不得含有下列内容：

（一）劝诱其要求家长购买广告商品或者服务；

（二）可能引发其模仿不安全行为。

第四十一条 【户外广告的监管】县级以上地方人民政府应当组织有关部门加强对利用户外场所、空间、设施等发布户外广告的监督管理，制定户外广告设置规划和安全要求。

户外广告的管理办法，由地方性法规、地方政府规章规定。

第四十二条 【禁止设置户外广告的情形】有下列情形之一的，不得设置户外广告：

（一）利用交通安全设施、交通标志的；

（二）影响市政公共设施、交通安全设施、交通标志、消防设施、消防安全标志使用的；

（三）妨碍生产或者人民生活，损害市容市貌的；

（四）在国家机关、文物保护单位、风景名胜区等的建筑控制地带，或者县级以上地方人民政府禁止设置户外广告的区域设置的。

第四十三条 【垃圾广告】任何单位或者个人未经当事人同意或者请求，不得向其住宅、交通工具等发送广告，也不得以电子信息方式向其发送广告。

以电子信息方式发送广告的，应当明示发送者的真实身份和联系方式，并向接收者提供拒绝继续接收的方式。

第四十四条 【互联网广告】利用互联网从事广告活动，适用本法的各项规定。

利用互联网发布、发送广告，不得影响用户正常使用网络。在互联网页面以弹出等形式发布的广告，应当显著标明关闭标志，确保一键关闭。

第四十五条 【"第二方平台"义务】公共场所的管理者或者电信业务经营者、互联网信息服务提供者对其明知或者应知的利用其场所或者信息传输、发布平台发送、发布违法广告的，应当予以制止。

第四章 监督管理

第四十六条 【特殊商品和服务广告发布前审查】发布医疗、药品、医疗器械、农药、兽药和保健食品广告，以及法律、行政法规规定应当进行审查的其他广告,应当在发布前由有关部门(以下称广告审查机关)对广告内容进行审查;未经审查,不得发布。

第四十七条 【广告发布前审查程序】广告主申请广告审查,应当依照法律、行政法规向广告审查机关提交有关证明文件。

广告审查机关应当依照法律、行政法规规定作出审查决定,并应当将审查批准文件抄送同级市场监督管理部门。广告审查机关应当及时向社会公布批准的广告。

第四十八条 【广告审查批准文件不得伪造、变造或者转让】任何单位或者个人不得伪造、变造或者转让广告审查批准文件。

第四十九条 【市场监督管理部门职权和义务】市场监督管理部门履行广告监督管理职责,可以行使下列职权:

(一)对涉嫌从事违法广告活动的场所实施现场检查;

(二)询问涉嫌违法当事人或者其法定代表人、主要负责人和其他有关人员,对有关单位或者个人进行调查;

(三)要求涉嫌违法当事人限期提供有关证明文件;

(四)查阅、复制与涉嫌违法广告有关的合同、票据、账簿、广告作品和其他有关资料;

(五)查封、扣押与涉嫌违法广告直接相关的广告物品、经营工具、设备等财物;

(六)责令暂停发布可能造成严重后果的涉嫌违法广告;

(七)法律、行政法规规定的其他职权。

市场监督管理部门应当建立健全广告监测制度,完善监测措施,及时发现和依法查处违法广告行为。

第五十条 【授权制定利用大众传播媒介发布广告的行为规范】国务院市场监督管理部门会同国务院有关部门,制定大众传播媒介广告发布行为规范。

第五十一条 【配合监管义务】市场监督管理部门依照本法规定行使职权,当事人应当协助、配合,不得拒绝、阻挠。

第五十二条 【保密义务】市场监督管理部门和有关部门及其工作人员对其在广告监督管理活动中知悉的商业秘密负有保密义务。

第五十三条 【投诉和举报】任何单位或者个人有权向市场监督管理部门和有关部门投诉、举报违反本法的行为。市场监督管理部门和有关部门应当向社会公开受理投诉、举报的电话、信箱或者电子邮件地址，接到投诉、举报的部门应当自收到投诉之日起七个工作日内，予以处理并告知投诉、举报人。

市场监督管理部门和有关部门不依法履行职责的，任何单位或者个人有权向其上级机关或者监察机关举报。接到举报的机关应当依法作出处理，并将处理结果及时告知举报人。

有关部门应当为投诉、举报人保密。

第五十四条 【社会监督】消费者协会和其他消费者组织对违反本法规定，发布虚假广告侵害消费者合法权益，以及其他损害社会公共利益的行为，依法进行社会监督。

第五章 法律责任

第五十五条 【虚假广告行政、刑事责任】违反本法规定，发布虚假广告的，由市场监督管理部门责令停止发布广告，责令广告主在相应范围内消除影响，处广告费用三倍以上五倍以下的罚款，广告费用无法计算或者明显偏低的，处二十万元以上一百万元以下的罚款；两年内有三次以上违法行为或者有其他严重情节的，处广告费用五倍以上十倍以下的罚款，广告费用无法计算或者明显偏低的，处一百万元以上二百万元以下的罚款，可以吊销营业执照，并由广告审查机关撤销广告审查批准文件、一年内不受理其广告审查申请。

医疗机构有前款规定违法行为，情节严重的，除由市场监督管理部门依照本法处罚外，卫生行政部门可以吊销诊疗科目或者吊销医疗机构执业许可证。

广告经营者、广告发布者明知或者应知广告虚假仍设计、制作、代理、发布的，由市场监督管理部门没收广告费用，并处广告费用三倍以上五倍以下的罚款，广告费用无法计算或者明显偏低的，处二十万元以上一百万元以下的罚款；两年内有三次以上违法行为或者有其他严重情节的，处广告费用五倍以上十倍以下的罚款，广告费用无法计算或者明显偏低的，处一百万元以上二百万元以下的罚款,并可以由有关部门暂停广告发布业务、吊销营业执照。

广告主、广告经营者、广告发布者有本条第一款、第三款规定行为,构成犯罪的,依法追究刑事责任。

第五十六条 【虚假广告民事责任】违反本法规定,发布虚假广告,欺骗、误导消费者,使购买商品或者接受服务的消费者的合法权益受到损害的,由广告主依法承担民事责任。广告经营者、广告发布者不能提供广告主的真实名称、地址和有效联系方式的,消费者可以要求广告经营者、广告发布者先行赔偿。

关系消费者生命健康的商品或者服务的虚假广告,造成消费者损害的,其广告经营者、广告发布者、广告代言人应当与广告主承担连带责任。

前款规定以外的商品或者服务的虚假广告,造成消费者损害的,其广告经营者、广告发布者、广告代言人,明知或者应知广告虚假仍设计、制作、代理、发布或者作推荐、证明的,应当与广告主承担连带责任。

第五十七条 【发布违反基本准则或者本法禁止发布的广告的责任】有下列行为之一的,由市场监督管理部门责令停止发布广告,对广告主处二十万元以上一百万元以下的罚款,情节严重的,并可以吊销营业执照,由广告审查机关撤销广告审查批准文件、一年内不受理其广告审查申请;对广告经营者、广告发布者,由市场监督管理部门没收广告费用,处二十万元以上一百万元以下的罚款,情节严重的,并可以吊销营业执照:

(一)发布有本法第九条、第十条规定的禁止情形的广告的;

(二)违反本法第十五条规定发布处方药广告、药品类易制毒化学品广告、戒毒治疗的医疗器械和治疗方法广告的;

(三)违反本法第二十条规定,发布声称全部或者部分替代母乳的婴儿乳制品、饮料和其他食品广告的;

(四)违反本法第二十二条规定发布烟草广告的;

(五)违反本法第三十七条规定,利用广告推销禁止生产、销售的产品或者提供的服务,或者禁止发布广告的商品或者服务的;

(六)违反本法第四十条第一款规定,在针对未成年人的大众传播媒介上发布医疗、药品、保健食品、医疗器械、化妆品、酒类、美容广告,以及不利于未成年人身心健康的网络游戏广告的。

第五十八条　【发布违反特殊准则、违法使用广告代言人或者未经依法审查的广告的责任】有下列行为之一的,由市场监督管理部门责令停止发布广告,责令广告主在相应范围内消除影响,处广告费用一倍以上三倍以下的罚款,广告费用无法计算或者明显偏低的,处十万元以上二十万元以下的罚款;情节严重的,处广告费用三倍以上五倍以下的罚款,广告费用无法计算或者明显偏低的,处二十万元以上一百万元以下的罚款,可以吊销营业执照,并由广告审查机关撤销广告审查批准文件、一年内不受理其广告审查申请:

(一)违反本法第十六条规定发布医疗、药品、医疗器械广告的;

(二)违反本法第十七条规定,在广告中涉及疾病治疗功能,以及使用医疗用语或者易使推销的商品与药品、医疗器械相混淆的用语的;

(三)违反本法第十八条规定发布保健食品广告的;

(四)违反本法第二十一条规定发布农药、兽药、饲料和饲料添加剂广告的;

(五)违反本法第二十三条规定发布酒类广告的;

(六)违反本法第二十四条规定发布教育、培训广告的;

(七)违反本法第二十五条规定发布招商等有投资回报预期的商品或者服务广告的;

(八)违反本法第二十六条规定发布房地产广告的;

(九)违反本法第二十七条规定发布农作物种子、林木种子、草种子、种畜禽、水产苗种和种养殖广告的;

(十)违反本法第三十八条第二款规定,利用不满十周岁的未成年人作为广告代言人的;

(十一)违反本法第三十八条第三款规定,利用自然人、法人或者其他组织作为广告代言人的;

(十二)违反本法第三十九条规定,在中小学校、幼儿园内或者利用与中小学生、幼儿有关的物品发布广告的;

(十三)违反本法第四十条第二款规定,发布针对不满十四周岁的未成年人的商品或者服务的广告的;

（十四）违反本法第四十六条规定，未经审查发布广告的。

医疗机构有前款规定违法行为，情节严重的，除由市场监督管理部门依照本法处罚外，卫生行政部门可以吊销诊疗科目或者吊销医疗机构执业许可证。

广告经营者、广告发布者明知或者应知有本条第一款规定违法行为仍设计、制作、代理、发布的，由市场监督管理部门没收广告费用，并处广告费用一倍以上三倍以下的罚款，广告费用无法计算或者明显偏低的，处十万元以上二十万元以下的罚款；情节严重的，处广告费用三倍以上五倍以下的罚款，广告费用无法计算或者明显偏低的，处二十万元以上一百万元以下的罚款，并可以由有关部门暂停广告发布业务、吊销营业执照。

第五十九条　【发布违反一般准则或者贬低他人商品或服务的广告的责任】有下列行为之一的，由市场监督管理部门责令停止发布广告，对广告主处十万元以下的罚款：

（一）广告内容违反本法第八条规定的；

（二）广告引证内容违反本法第十一条规定的；

（三）涉及专利的广告违反本法第十二条规定的；

（四）违反本法第十三条规定，广告贬低其他生产经营者的商品或者服务的。

广告经营者、广告发布者明知或者应知有前款规定违法行为仍设计、制作、代理、发布的，由市场监督管理部门处十万元以下的罚款。

广告违反本法第十四条规定，不具有可识别性的，或者违反本法第十九条规定，变相发布医疗、药品、医疗器械、保健食品广告的，由市场监督管理部门责令改正，对广告发布者处十万元以下的罚款。

第六十条　【广告经营者、广告发布者未依法进行广告业务管理的责任】违反本法第三十四条规定，广告经营者、广告发布者未按照国家有关规定建立、健全广告业务管理制度的，或者未对广告内容进行核对的，由市场监督管理部门责令改正，可以处五万元以下的罚款。

违反本法第三十五条规定，广告经营者、广告发布者未公布其收费标准和收费办法的，由价格主管部门责令改正，可以处五万元以下的罚款。

第六十一条　【广告代言人的责任】广告代言人有下列情形之一的，

由市场监督管理部门没收违法所得，并处违法所得一倍以上二倍以下的罚款：

（一）违反本法第十六条第一款第四项规定，在医疗、药品、医疗器械广告中作推荐、证明的；

（二）违反本法第十八条第一款第五项规定，在保健食品广告中作推荐、证明的；

（三）违反本法第三十八条第一款规定，为其未使用过的商品或者未接受过的服务作推荐、证明的；

（四）明知或者应知广告虚假仍在广告中对商品、服务作推荐、证明的。

第六十二条 【未经同意或者请求向他人发送广告、违法利用互联网发布广告的责任】违反本法第四十三条规定发送广告的，由有关部门责令停止违法行为，对广告主处五千元以上三万元以下的罚款。

违反本法第四十四条第二款规定，利用互联网发布广告，未显著标明关闭标志，确保一键关闭的，由市场监督管理部门责令改正，对广告主处五千元以上三万元以下的罚款。

第六十三条 【公共场所的管理者和电信业务经营者、互联网信息服务提供者未依法制止违法广告活动的责任】违反本法第四十五条规定，公共场所的管理者和电信业务经营者、互联网信息服务提供者，明知或者应知广告活动违法不予制止的，由市场监督管理部门没收违法所得，违法所得五万元以上的，并处违法所得一倍以上三倍以下的罚款，违法所得不足五万元的，并处一万元以上五万元以下的罚款；情节严重的，由有关部门依法停止相关业务。

第六十四条 【隐瞒真实情况或者提供虚假材料申请广告审查的责任】违反本法规定，隐瞒真实情况或者提供虚假材料申请广告审查的，广告审查机关不予受理或者不予批准，予以警告，一年内不受理该申请人的广告审查申请；以欺骗、贿赂等不正当手段取得广告审查批准的，广告审查机关予以撤销，处十万元以上二十万元以下的罚款，三年内不受理该申请人的广告审查申请。

第六十五条 【伪造、变造或者转让广告审查批准文件的责任】违反本法规定,伪造、变造或者转让广告审查批准文件的,由市场监督管理部门没收违法所得,并处一万元以上十万元以下的罚款。

第六十六条 【信用档案制度】有本法规定的违法行为的,由市场监督管理部门记入信用档案,并依照有关法律、行政法规规定予以公示。

第六十七条 【广播电台、电视台、报刊音像出版单位及其主管部门的责任】广播电台、电视台、报刊音像出版单位发布违法广告,或者以新闻报道形式变相发布广告,或者以介绍健康、养生知识等形式变相发布医疗、药品、医疗器械、保健食品广告,市场监督管理部门依照本法给予处罚的,应当通报新闻出版、广播电视主管部门以及其他有关部门。新闻出版、广播电视主管部门以及其他有关部门应当依法对负有责任的主管人员和直接责任人员给予处分;情节严重的,并可以暂停媒体的广告发布业务。

新闻出版、广播电视主管部门以及其他有关部门未依照前款规定对广播电台、电视台、报刊音像出版单位进行处理的,对负有责任的主管人员和直接责任人员,依法给予处分。

第六十八条 【民事责任】广告主、广告经营者、广告发布者违反本法规定,有下列侵权行为之一的,依法承担民事责任:

(一)在广告中损害未成年人或者残疾人的身心健康的;

(二)假冒他人专利的;

(三)贬低其他生产经营者的商品、服务的;

(四)在广告中未经同意使用他人名义或者形象的;

(五)其他侵犯他人合法民事权益的。

第六十九条 【对公司、企业广告违法行为负有个人责任的法定代表人的责任】因发布虚假广告,或者有其他本法规定的违法行为,被吊销营业执照的公司、企业的法定代表人,对违法行为负有个人责任的,自该公司、企业被吊销营业执照之日起三年内不得担任公司、企业的董事、监事、高级管理人员。

第七十条 【拒绝、阻挠市场监督部门监督检查等违反治安管理行为的责任】违反本法规定,拒绝、阻挠市场监督管理部门监督检查,或者有其他构成违反治安管理行为的,依法给予治安管理处罚;构成犯罪的,依法追究刑事责任。

第七十一条　【广告审查机关的责任】广告审查机关对违法的广告内容作出审查批准决定的，对负有责任的主管人员和直接责任人员，由任免机关或者监察机关依法给予处分；构成犯罪的，依法追究刑事责任。

第七十二条　【广告管理部门及其工作人员的责任】市场监督管理部门对在履行广告监测职责中发现的违法广告行为或者对经投诉、举报的违法广告行为，不依法予以查处的，对负有责任的主管人员和直接责任人员，依法给予处分。

市场监督管理部门和负责广告管理相关工作的有关部门的工作人员玩忽职守、滥用职权、徇私舞弊的，依法给予处分。

有前两款行为，构成犯罪的，依法追究刑事责任。

第六章　附　　则

第七十三条　【公益广告】国家鼓励、支持开展公益广告宣传活动，传播社会主义核心价值观，倡导文明风尚。

大众传播媒介有义务发布公益广告。广播电台、电视台、报刊出版单位应当按照规定的版面、时段、时长发布公益广告。公益广告的管理办法，由国务院市场监督管理部门会同有关部门制定。

第七十四条　【施行日期】本法自2015年9月1日起施行。

部分商品修理更换退货责任规定

（1995年8月25日国家经贸委、国家技术监督局、
国家工商局、财政部发布施行）

第一条　为保护消费者的合法权益，明确销售者、修理者、生产者承担的部分商品的修理、更换、退货（以下称为三包）的责任和义务，根据《中华人民共和国产品质量法》、《中华人民共和国消费者权益保护法》及

有关规定制定本规定。

第二条 本规定所称部分商品，系指《实施三包的部分商品目录》(以下简称目录)中所列产品。

目录由国务院产品质量监督管理部门会同商业主管部门、工业主管部门共同制定和调整，由国务院产品质量监督管理部门发布。

第三条 列入目录的产品实行谁经销谁负责三包的原则。销售者与生产者、销售者与供货者、销售者与修理者之间订立的合同，不得免除本规定的三包责任和义务。

第四条 目录中规定的指标是履行三包规定的最基本要求。国家鼓励销售者和生产者制定严于本规定的三包实施细则。

本规定不免除未列入目录产品的三包责任和销售者、生产者向消费者承诺的高于列入目录产品三包的责任。

第五条 销售者应当履行下列义务：

(一)不能保证实施三包规定的，不得销售目录所列产品；

(二)保持销售产品的质量；

(三)执行进货检查验收制度，不符合法定标识要求的，一律不准销售；

(四)产品出售时，应当开箱检验，正确调试，介绍使用维护事项、三包方式及修理单位，提供有效发票和三包凭证；

(五)妥善处理消费者的查询、投诉，并提供服务。

第六条 修理者应当履行下列义务：

(一)承担修理服务业务；

(二)维护销售者、生产者的信誉，不得使用与产品技术要求不符的元器件和零配件。认真记录故障及修理后产品质量状况，保证修理后的产品能够正常使用30日以上；

(三)保证修理费用和修理配件全部用于修理。接受销售者、生产者的监督和检查；

(四)承担因自身修理失误造成的责任和损失；

(五)接受消费者的有关产品修理质量的查询。

第七条 生产者应当履行下列义务：

(一)明确三包方式。生产者自行设置或者指定修理单位的,必须随产品向消费者提供三包凭证、修理单位的名单、地址、联系电话等;

(二)向负责修理的销售者、修理者提供修理技术资料、合格的修理配件,负责培训,提供修理费用。保证在产品停产后五年内继续提供符合技术要求的零配件;

(三)妥善处理消费者直接或者间接的查询,并提供服务。

第八条 三包有效期自开具发票之日起计算,扣除因修理占用和无零配件待修的时间。

三包有效期内消费者凭发票及三包凭证办理修理、换货、退货。

第九条 产品自售出之日起 7 日内,发生性能故障,消费者可以选择退货、换货或修理。退货时,销售者应当按发票价格一次退清货款,然后依法向生产者、供货者追偿或者按购销合同办理。

第十条 产品自售出之日起 15 日内,发生性能故障,消费者可选择换货或者修理。换货时,销售者应当免费为消费者调换同型号同规格的产品,然后依法向生产者、供货者追偿或者按购销合同办理。

第十一条 在三包有效期内,修理两次,仍不能正常使用的产品,凭修理者提供的修理记录和证明,由销售者负责为消费者免费调换同型号同规格的产品或者按本规定第十三条的规定退货,然后依法向生产者、供货者追偿或者按购销合同办理。

第十二条 在三包有效期内,因生产者未供应零配件,自送修之日起超过 90 日未修好的,修理者应当在修理状况中注明,销售者凭此据免费为消费者调换同型号同规格产品。然后依法向生产者、供货者追偿或者按购销合同办理。

因修理者自身原因使修理期超过 30 日的,由其免费为消费者调换同型号同规格产品。费用由修理者承担。

第十三条 在三包有效期内,符合换货条件的,销售者因无同型号同规格产品,消费者不愿调换其他型号、规格产品而要求退货的,销售者应当予以退货;有同型号同规格产品,消费者不愿调换而要求退货的,销售者应当予以退货,对已使用过的商品按本规定收取折旧费。

折旧费计算自开具发票之日起至退货之日止,其中应当扣除修理占用和待修的时间。

第十四条　换货时,凡属残次产品、不合格产品或者修理过的产品均不得提供给消费者。

换货后的三包有效期自换货之日起重新计算。由销售者在发票背面加盖更换章并提供新的三包凭证或者在三包凭证背面加盖更换章。

第十五条　在三包有效期内,除因消费者使用保管不当致使产品不能正常使用外,由修理者免费修理(包括材料费和工时费)。

对应当进行三包的大件产品,修理者应当提供合理的运输费用,然后依法向生产者或者销售者追偿,或者按合同办理。

第十六条　在三包有效期内,提倡销售者、修理者、生产者上门提供三包服务。

第十七条　属下列情况之一者,不实行三包,但是可以实行收费修理:

(一)消费者因使用、维护、保管不当造成损坏的;

(二)非承担三包修理者拆动造成损坏的;

(三)无三包凭证及有效发票的;

(四)三包凭证型号与修理产品型号不符或者涂改的;

(五)因不可抗拒力造成损坏的。

第十八条　修理费用由生产者提供。修理费用指三包有效期内保证正常修理的待支费用。

第十九条　销售者负责修理的产品,生产者按照合同或者协议一次拨出费用,具体办法由产销双方商定。销售者委托或者指定修理者的,其修理费的支付形式由销售者和修理者双方合同约定。专款专用。生产者自行选择其他方式或者自行设置修理网点的,由生产者直接提供修理费用。

第二十条　生产者、销售者、修理者破产、倒闭、兼并、分立的,其三包责任按国家有关法规执行。

第二十一条　消费者因产品三包问题与销售者、修理者、生产者发生纠纷时,可以向消费者协会、质量管理协会用户委员会和其他有关组织申请调解,有关组织应当积极受理。

第二十二条　销售者、修理者、生产者未按本规定执行三包的，消费者可以向产品质量监督管理部门或者工商行政管理部门申诉，由上述部门责令其按三包规定办理。消费者也可以依法申请仲裁解决，还可以直接向人民法院起诉。

第二十三条　本规定由国务院产品质量监督管理部门负责解释。

第二十四条　本规定自发布之日起施行。原国家经济委员会等八部委局发布的国标发(1986)177号《部分国产家用电器三包规定》同时废止。其他有关规定与本规定不符的，以本规定为准。

明码标价和禁止价格欺诈规定

(2022年4月14日国家市场监督管理总局令第56号公布
自2022年7月1日起施行)

第一条　为了规范经营者明码标价行为，预防和制止价格欺诈，维护市场价格秩序，保护消费者、经营者合法权益和社会公共利益，根据《中华人民共和国价格法》《价格违法行为行政处罚规定》等法律、行政法规，制定本规定。

第二条　本规定适用于市场监督管理部门对经营者违反明码标价规定行为和价格欺诈行为的监督管理和查处。

本规定所称明码标价，是指经营者在销售、收购商品和提供服务过程中，依法公开标示价格等信息的行为。

本规定所称价格欺诈，是指经营者利用虚假的或者使人误解的价格手段，诱骗消费者或者其他经营者与其进行交易的行为。

第三条　经营者应当遵循公开、公平、诚实信用的原则，不得利用价格手段侵犯消费者和其他经营者的合法权益、扰乱市场价格秩序。

第四条　卖场、商场、市场、网络交易平台经营者等交易场所提供者(以下简称交易场所提供者)应当依法配合市场监督管理部门对场所内

(平台内)经营者开展价格监督管理工作。

交易场所提供者发现场所内(平台内)经营者有违反本规定行为的,应当依法采取必要处置措施,保存有关信息记录,依法承担相应义务和责任。

交易场所提供者应当尊重场所内(平台内)经营者的经营自主权,不得强制或者变相强制场所内(平台内)经营者参与价格促销活动。

第五条　经营者销售、收购商品和提供服务时,应当按照市场监督管理部门的规定明码标价。

明码标价应当根据商品和服务、行业、区域等特点,做到真实准确、货签对位、标识醒目。

设区的市级以上市场监督管理部门可以根据特定行业、特定区域的交易习惯等特点,结合价格监督管理实际,规定可以不实行明码标价的商品和服务、行业、交易场所。

第六条　经营者应当以显著方式进行明码标价,明确标示价格所对应的商品或者服务。经营者根据不同交易条件实行不同价格的,应当标明交易条件以及与其对应的价格。

商品或者服务的价格发生变动时,经营者应当及时调整相应标价。

第七条　经营者销售商品应当标示商品的品名、价格和计价单位。同一品牌或者种类的商品,因颜色、形状、规格、产地、等级等特征不同而实行不同价格的,经营者应当针对不同的价格分别标示品名,以示区别。

经营者提供服务应当标示服务项目、服务内容和价格或者计价方法。

经营者可以根据实际经营情况,自行增加标示与价格有关的质地、服务标准、结算方法等其他信息。

设区的市级以上市场监督管理部门对于特定商品和服务,可以增加规定明码标价应当标示的内容。

第八条　经营者在销售商品或者提供服务时,不得在标价之外加价出售商品或者提供服务,不得收取任何未予标明的费用。

第九条　经营者标示价格,一般应当使用阿拉伯数字标明人民币金额。

经营者标示其他价格信息,一般应当使用规范汉字;可以根据自身经营需要,同时使用外国文字。民族自治地方的经营者,可以依法自主决定增加使用当地通用的一种或者几种文字。

第十条 经营者收购粮食等农产品,应当将品种、规格、等级和收购价格等信息告知农产品出售者或者在收购场所公示。

第十一条 经营者销售商品,同时有偿提供配送、搬运、安装、调试等附带服务的,应当按照本规定第七条的规定,对附带服务进行明码标价。

附带服务不由销售商品的经营者提供的,应当以显著方式区分标记或者说明。

第十二条 经营者可以选择采用标价签(含电子标价签)、标价牌、价目表(册)、展示板、电子屏幕、商品实物或者模型展示、图片展示以及其他有效形式进行明码标价。金融、交通运输、医疗卫生等同时提供多项服务的行业,可以同时采用电子查询系统的方式进行明码标价。

县级以上市场监督管理部门可以发布标价签、标价牌、价目表(册)等的参考样式。

法律、行政法规对经营者的标价形式有规定的,应当依照其规定。

第十三条 经营者通过网络等方式销售商品或者提供服务的,应当通过网络页面,以文字、图像等方式进行明码标价。

第十四条 交易场所提供者为场所内(平台内)经营者提供标价模板的,应当符合本规定的要求。

第十五条 经营者提供服务,实行先消费后结算的,除按照本规定进行明码标价外,还应当在结算前向消费者出具结算清单,列明所消费的服务项目、价格以及总收费金额等信息。

第十六条 经营者在销售商品或者提供服务时进行价格比较的,标明的被比较价格信息应当真实准确。

经营者未标明被比较价格的详细信息的,被比较价格应当不高于该经营者在同一经营场所进行价格比较前七日内的最低成交价格;前七日内没有交易的,应当不高于本次价格比较前最后一次交易价格。

与厂商建议零售价进行价格比较的,应当明确标示被比较价格为厂商建议零售价。厂商建议零售价发生变动时，应当立即更新。

第十七条　经营者没有合理理由，不得在折价、减价前临时显著提高标示价格并作为折价、减价计算基准。

经营者不得采用无依据或者无从比较的价格，作为折价、减价的计算基准或者被比较价格。

第十八条　经营者赠送物品或者服务（以下简称赠品）的，应当标示赠品的品名、数量。赠品标示价格或者价值的，应当标示赠品在同一经营场所当前销售价格。

第十九条　经营者不得实施下列价格欺诈行为：

（一）谎称商品和服务价格为政府定价或者政府指导价；

（二）以低价诱骗消费者或者其他经营者，以高价进行结算；

（三）通过虚假折价、减价或者价格比较等方式销售商品或者提供服务；

（四）销售商品或者提供服务时，使用欺骗性、误导性的语言、文字、数字、图片或者视频等标示价格以及其他价格信息；

（五）无正当理由拒绝履行或者不完全履行价格承诺；

（六）不标示或者显著弱化标示对消费者或者其他经营者不利的价格条件，诱骗消费者或者其他经营者与其进行交易；

（七）通过积分、礼券、兑换券、代金券等折抵价款时，拒不按约定折抵价款；

（八）其他价格欺诈行为。

第二十条　网络交易经营者不得实施下列行为：

（一）在首页或者其他显著位置标示的商品或者服务价格低于在详情页面标示的价格；

（二）公布的促销活动范围、规则与实际促销活动范围、规则不一致；

（三）其他虚假的或者使人误解的价格标示和价格促销行为。

网络交易平台经营者不得利用技术手段等强制平台内经营者进行虚假的或者使人误解的价格标示。

第二十一条　有下列情形之一的，不属于第十九条规定的价格欺诈行为：

（一）经营者有证据足以证明没有主观故意；

（二）实际成交价格能够使消费者或者与其进行交易的其他经营者获得更大价格优惠；

（三）成交结算后，实际折价、减价幅度与标示幅度不完全一致，但符合舍零取整等交易习惯。

第二十二条 经营者违反本规定有关明码标价规定的，由县级以上市场监督管理部门依照《中华人民共和国价格法》《价格违法行为行政处罚规定》有关规定进行处罚。

第二十三条 经营者违反本规定第十六条至第二十条规定的，由县级以上市场监督管理部门依照《中华人民共和国价格法》《中华人民共和国反不正当竞争法》《中华人民共和国电子商务法》《价格违法行为行政处罚规定》等法律、行政法规进行处罚。

第二十四条 交易场所提供者违反本规定第四条第二款、第三款，法律、行政法规有规定的，依照其规定；法律、行政法规没有规定的，由县级以上市场监督管理部门责令改正，可以处三万元以下罚款；情节严重的，处三万元以上十万元以下罚款。

第二十五条 交易场所提供者提供的标价模板不符合本规定的，由县级以上市场监督管理部门责令改正，可以处三万元以下罚款；情节严重的，处三万元以上十万元以下罚款。

第二十六条 经营者违反本规定，但能够主动消除或者减轻危害后果，及时退还消费者或者其他经营者多付价款的，依法从轻或者减轻处罚。

经营者违反本规定，但未实际损害消费者或者其他经营者合法权益，违法行为轻微并及时改正，没有造成危害后果的，依法不予处罚；初次违法且危害后果轻微并及时改正的，可以依法不予处罚。

第二十七条 本规定自2022年7月1日起施行。2000年10月31日原中华人民共和国国家发展计划委员会令第8号发布的《关于商品和服务实行明码标价的规定》、2001年11月7日原中华人民共和国国家发展计划委员会令第15号发布的《禁止价格欺诈行为的规定》同时废止。

国家工商行政管理总局关于处理侵害消费者权益行为的若干规定

（2004年3月12日　工商消字〔2004〕第35号）

第一条　经营者提供商品或者服务，应当按照法律法规的规定、与消费者的约定或者向消费者作出的承诺履行义务。

经营者与消费者有约定或者经营者向消费者作出承诺的，约定或者承诺的内容有利于维护消费者合法权益并严于法律法规强制性规定的，按照约定或者承诺履行；约定或者承诺的内容不利于维护消费者合法权益并且不符合法律法规强制性规定的，按照法律法规的规定履行。

第二条　经营者发现其提供的商品或者服务存在严重缺陷，即使正确使用商品或者接受服务仍然可能对人身、财产安全造成危害的，应当立即停止销售尚未售出的商品或者停止提供服务，并报告工商行政管理等有关行政部门；对已经销售的商品或者已经提供的服务除报告工商行政管理等有关行政部门外，还应当及时通过公共媒体、店堂告示以及电话、传真、手机短信等有效方式告之消费者，并且收回该商品或者对已提供的服务采取相应的补救措施。

对经营者不履行前款规定的义务的行为，工商行政管理部门应当在职权范围内责令其改正，并在市场主体信用监管信息中予以记载。

第三条　经营者拟订的格式合同、通知、声明、店堂告示中不得含有下述对消费者不公平、不合理的内容：让消费者承担应当由经营者承担的义务；增加消费者的义务；排除、限制消费者依法变更、解除合同的权利；排除、限制消费者依法请求支付违约金、损害赔偿、提起诉讼等法定权利。

对经营者拟订的格式合同、通知、声明、店堂告示中含有上述内容的,以及减轻、免除其损害消费者合法权益应当承担的民事责任的行为,工商行政管理部门应当责令其改正,并在市场主体信用监管信息中予以记载。

第四条 消费者接受经营者提供的商品或者服务后,向经营者索要发票、收据、购货卡、服务卡、保修证等购货凭证或者服务单据的,经营者必须出具,并不得加收任何费用。

消费者索要发票的,经营者不得以收据、购货卡、服务卡、保修证等代替。有正当理由不能即时出具的,经营者应当按照与消费者协商的时间、地点送交或者约定消费者到指定地点索取。经营者约定消费者到指定地点索取的,应当向消费者支付合理的交通费用。

对经营者不履行前款规定的义务的行为,工商行政管理部门应当责令其改正,并在市场主体信用监管信息中予以记载。

第五条 经营者以邮购、电视直销、网上销售、电话销售等方式提供商品或者服务的,应当按照约定提供。未按照约定提供的,应当按照消费者的要求履行约定或者退回货款;并应当承担消费者为此必须支付的通讯费、不符合约定条件的商品退回的邮寄费等合理费用。

第六条 经营者提供商品或者服务,造成消费者人身、财产损害的,应当按照法律法规的规定、与消费者的约定或者向消费者作出的承诺,以修理、重作、更换、退货、补足商品数量、退还货款和服务费用或者赔偿损失等方式承担民事责任。

经营者在消费者有证据证明向其提出承担民事责任的合法要求之日起超过 15 日,并且两次以上没有正当理由拒不承担民事责任的,视为故意拖延或者无理拒绝。但经营者能够证明由于不可抗力的原因超过时限的除外。

对经营者故意拖延或者无理拒绝消费者合法要求的行为,由工商行政管理部门依照《消费者权益保护法》第五十条的规定处罚。

侵害消费者权益行为处罚办法

（2015年1月5日国家工商行政管理总局令第73号公布 根据2020年10月23日国家市场监督管理总局令第31号《关于修改部分规章的决定》修订）

第一条 为依法制止侵害消费者权益行为，保护消费者的合法权益，维护社会经济秩序，根据《消费者权益保护法》等法律法规，制定本办法。

第二条 市场监督管理部门依照《消费者权益保护法》等法律法规和本办法的规定，保护消费者为生活消费需要购买、使用商品或者接受服务的权益，对经营者侵害消费者权益的行为实施行政处罚。

第三条 市场监督管理部门依法对侵害消费者权益行为实施行政处罚，应当依照公正、公开、及时的原则，坚持处罚与教育相结合，综合运用建议、约谈、示范等方式实施行政指导，督促和指导经营者履行法定义务。

第四条 经营者为消费者提供商品或者服务，应当遵循自愿、平等、公平、诚实信用的原则，依照《消费者权益保护法》等法律法规的规定和与消费者的约定履行义务，不得侵害消费者合法权益。

第五条 经营者提供商品或者服务不得有下列行为：

（一）销售的商品或者提供的服务不符合保障人身、财产安全要求；

（二）销售失效、变质的商品；

（三）销售伪造产地、伪造或者冒用他人的厂名、厂址、篡改生产日期的商品；

（四）销售伪造或者冒用认证标志等质量标志的商品；

（五）销售的商品或者提供的服务侵犯他人注册商标专用权；

（六）销售伪造或者冒用知名商品特有的名称、包装、装潢的商品；

（七）在销售的商品中掺杂、掺假，以假充真，以次充好，以不合格商品冒充合格商品；

（八）销售国家明令淘汰并停止销售的商品；

（九）提供商品或者服务中故意使用不合格的计量器具或者破坏计量器具准确度；

（十）骗取消费者价款或者费用而不提供或者不按照约定提供商品或者服务。

第六条　经营者向消费者提供有关商品或者服务的信息应当真实、全面、准确，不得有下列虚假或者引人误解的宣传行为：

（一）不以真实名称和标记提供商品或者服务；

（二）以虚假或者引人误解的商品说明、商品标准、实物样品等方式销售商品或者服务；

（三）作虚假或者引人误解的现场说明和演示；

（四）采用虚构交易、虚标成交量、虚假评论或者雇佣他人等方式进行欺骗性销售诱导；

（五）以虚假的"清仓价"、"甩卖价"、"最低价"、"优惠价"或者其他欺骗性价格表示销售商品或者服务；

（六）以虚假的"有奖销售"、"还本销售"、"体验销售"等方式销售商品或者服务；

（七）谎称正品销售"处理品"、"残次品"、"等外品"等商品；

（八）夸大或隐瞒所提供的商品或者服务的数量、质量、性能等与消费者有重大利害关系的信息误导消费者；

（九）以其他虚假或者引人误解的宣传方式误导消费者。

第七条　经营者对市场监督管理部门责令其对提供的缺陷商品或者服务采取停止销售或者服务等措施，不得拒绝或者拖延。经营者未按照责令停止销售或者服务通知、公告要求采取措施的，视为拒绝或者拖延。

第八条　经营者提供商品或者服务，应当依照法律规定或者当事人约定承担修理、重作、更换、退货、补足商品数量、退还货款和服务费用或者赔偿损失等民事责任，不得故意拖延或者无理拒绝消费者的合法要求。经营者有下列情形之一并超过十五日的，视为故意拖延或者无理拒绝：

（一）经有关行政部门依法认定为不合格商品，自消费者提出退货要求之日起未退货的；

（二）自国家规定、当事人约定期满之日起或者不符合质量要求的自消费者提出要求之日起，无正当理由拒不履行修理、重作、更换、退货、补足商品数量、退还货款和服务费用或者赔偿损失等义务的。

第九条　经营者采用网络、电视、电话、邮购等方式销售商品，应当依照法律规定承担无理由退货义务，不得故意拖延或者无理拒绝。经营者有下列情形之一的，视为故意拖延或者无理拒绝：

（一）对于适用无理由退货的商品，自收到消费者退货要求之日起超过十五日未办理退货手续，或者未向消费者提供真实、准确的退货地址、退货联系人等有效联系信息，致使消费者无法办理退货手续；

（二）未经消费者确认，以自行规定该商品不适用无理由退货为由拒绝退货；

（三）以消费者已拆封、查验影响商品完好为由拒绝退货；

（四）自收到退回商品之日起无正当理由超过十五日未向消费者返还已支付的商品价款。

第十条　经营者以预收款方式提供商品或者服务，应当与消费者明确约定商品或者服务的数量和质量、价款或者费用、履行期限和方式、安全注意事项和风险警示、售后服务、民事责任等内容。未按约定提供商品或者服务的，应当按照消费者的要求履行约定或者退回预付款，并应当承担预付款的利息、消费者必须支付的合理费用。对退款无约定的，按照有利于消费者的计算方式折算退款金额。

经营者对消费者提出的合理退款要求，明确表示不予退款，或者自约定期满之日起、无约定期限的自消费者提出退款要求之日起超过十五日未退款的，视为故意拖延或者无理拒绝。

第十一条　经营者收集、使用消费者个人信息，应当遵循合法、正当、必要的原则，明示收集、使用信息的目的、方式和范围，并经消费者同意。经营者不得有下列行为：

（一）未经消费者同意，收集、使用消费者个人信息；

（二）泄露、出售或者非法向他人提供所收集的消费者个人信息；

（三）未经消费者同意或者请求，或者消费者明确表示拒绝，向其发送商业性信息。

前款中的消费者个人信息是指经营者在提供商品或者服务活动中收集的消费者姓名、性别、职业、出生日期、身份证件号码、住址、联系方式、收入和财产状况、健康状况、消费情况等能够单独或者与其他信息结合识别消费者的信息。

第十二条　经营者向消费者提供商品或者服务使用格式条款、通知、声明、店堂告示等的，应当以显著方式提请消费者注意与消费者有重大利害关系的内容，并按照消费者的要求予以说明，不得作出含有下列内容的规定：

（一）免除或者部分免除经营者对其所提供的商品或者服务应当承担的修理、重作、更换、退货、补足商品数量、退还货款和服务费用、赔偿损失等责任；

（二）排除或者限制消费者提出修理、更换、退货、赔偿损失以及获得违约金和其他合理赔偿的权利；

（三）排除或者限制消费者依法投诉、举报、提起诉讼的权利；

（四）强制或者变相强制消费者购买和使用其提供的或者其指定的经营者提供的商品或者服务，对不接受其不合理条件的消费者拒绝提供相应商品或者服务，或者提高收费标准；

（五）规定经营者有权任意变更或者解除合同，限制消费者依法变更或者解除合同权利；

（六）规定经营者单方享有解释权或者最终解释权；

（七）其他对消费者不公平、不合理的规定。

第十三条　从事服务业的经营者不得有下列行为：

（一）从事为消费者提供修理、加工、安装、装饰装修等服务的经营者谎报用工用料，故意损坏、偷换零部件或材料，使用不符合国家质量标准或者与约定不相符的零部件或材料，更换不需要更换的零部件，或者偷工减料、加收费用，损害消费者权益的；

（二）从事房屋租赁、家政服务等中介服务的经营者提供虚假信息或者采取欺骗、恶意串通等手段损害消费者权益的。

第十四条　经营者有本办法第五条至第十一条规定的情形之一，其他法律、法规有规定的，依照法律、法规的规定执行；法律、法规未作规定的，由市场监督管理部门依照《消费者权益保护法》第五十六条予以处罚。

第十五条 经营者违反本办法第十二条、第十三条规定，其他法律、法规有规定的，依照法律、法规的规定执行；法律、法规未作规定的，由市场监督管理部门责令改正，可以单处或者并处警告，违法所得三倍以下、但最高不超过三万元的罚款，没有违法所得的，处以一万元以下的罚款。

第十六条 经营者有本办法第五条第（一）项至第（六）项规定行为之一且不能证明自己并非欺骗、误导消费者而实施此种行为的，属于欺诈行为。

经营者有本办法第五条第（七）项至第（十）项、第六条和第十三条规定行为之一的，属于欺诈行为。

第十七条 经营者对市场监督管理部门作出的行政处罚决定不服的，可以依法申请行政复议或者提起行政诉讼。

第十八条 侵害消费者权益违法行为涉嫌犯罪的，市场监督管理部门应当按照有关规定，移送司法机关追究其刑事责任。

第十九条 市场监督管理部门依照法律法规及本办法规定对经营者予以行政处罚的，应当记入经营者的信用档案，并通过企业信用信息公示系统等及时向社会公布。

企业应当依据《企业信息公示暂行条例》的规定，通过企业信用信息公示系统及时向社会公布相关行政处罚信息。

第二十条 市场监督管理执法人员玩忽职守或者包庇经营者侵害消费者合法权益的行为的，应当依法给予行政处分；涉嫌犯罪的，依法移送司法机关。

第二十一条 本办法由国家市场监督管理总局负责解释。

第二十二条 本办法自 2015 年 3 月 15 日起施行。1996 年 3 月 15 日国家工商行政管理局发布的《欺诈消费者行为处罚办法》（国家工商行政管理局令第 50 号）同时废止。

最高人民法院关于审理网络消费纠纷案件适用法律若干问题的规定(一)

(2022年2月15日　法释〔2022〕8号)

为正确审理网络消费纠纷案件,依法保护消费者合法权益,促进网络经济健康持续发展,根据《中华人民共和国民法典》《中华人民共和国消费者权益保护法》《中华人民共和国电子商务法》《中华人民共和国民事诉讼法》等法律规定,结合审判实践,制定本规定。

第一条　电子商务经营者提供的格式条款有以下内容的,人民法院应当依法认定无效:

(一)收货人签收商品即视为认可商品质量符合约定;

(二)电子商务平台经营者依法应承担的责任一概由平台内经营者承担;

(三)电子商务经营者享有单方解释权或者最终解释权;

(四)排除或者限制消费者依法投诉、举报、请求调解、申请仲裁、提起诉讼的权利;

(五)其他排除或者限制消费者权利、减轻或者免除电子商务经营者责任、加重消费者责任等对消费者不公平、不合理的内容。

第二条　电子商务经营者就消费者权益保护法第二十五条第一款规定的四项除外商品做出七日内无理由退货承诺,消费者主张电子商务经营者应当遵守其承诺的,人民法院应予支持。

第三条　消费者因检查商品的必要对商品进行拆封查验且不影响商品完好,电子商务经营者以商品已拆封为由主张不适用消费者权益保护法第二十五条规定的无理由退货制度的,人民法院不予支持,但法律另有规定的除外。

第四条　电子商务平台经营者以标记自营业务方式或者虽未标记自

营但实际开展自营业务所销售的商品或者提供的服务损害消费者合法权益，消费者主张电子商务平台经营者承担商品销售者或者服务提供者责任的，人民法院应予支持。

电子商务平台经营者虽非实际开展自营业务，但其所作标识等足以误导消费者使消费者相信系电子商务平台经营者自营，消费者主张电子商务平台经营者承担商品销售者或者服务提供者责任的，人民法院应予支持。

第五条 平台内经营者出售商品或者提供服务过程中，其工作人员引导消费者通过交易平台提供的支付方式以外的方式进行支付，消费者主张平台内经营者承担商品销售者或者服务提供者责任，平台内经营者以未经过交易平台支付为由抗辩的，人民法院不予支持。

第六条 注册网络经营账号开设网络店铺的平台内经营者，通过协议等方式将网络账号及店铺转让给其他经营者，但未依法进行相关经营主体信息变更公示，实际经营者的经营活动给消费者造成损害，消费者主张注册经营者、实际经营者承担赔偿责任的，人民法院应予支持。

第七条 消费者在二手商品网络交易平台购买商品受到损害，人民法院综合销售者出售商品的性质、来源、数量、价格、频率、是否有其他销售渠道、收入等情况，能够认定销售者系从事商业经营活动，消费者主张销售者依据消费者权益保护法承担经营者责任的，人民法院应予支持。

第八条 电子商务经营者在促销活动中提供的奖品、赠品或者消费者换购的商品给消费者造成损害，消费者主张电子商务经营者承担赔偿责任，电子商务经营者以奖品、赠品属于免费提供或者商品属于换购为由主张免责的，人民法院不予支持。

第九条 电子商务经营者与他人签订的以虚构交易、虚构点击量、编造用户评价等方式进行虚假宣传的合同，人民法院应当依法认定无效。

第十条 平台内经营者销售商品或者提供服务损害消费者合法权益，其向消费者承诺的赔偿标准高于相关法定赔偿标准，消费者主张平台内经营者按照承诺赔偿的，人民法院应依法予以支持。

第十一条 平台内经营者开设网络直播间销售商品，其工作人员在网络直播中因虚假宣传等给消费者造成损害，消费者主张平台内经营者承担赔偿责任的,人民法院应予支持。

第十二条　消费者因在网络直播间点击购买商品合法权益受到损害,直播间运营者不能证明已经以足以使消费者辨别的方式标明其并非销售者并标明实际销售者的,消费者主张直播间运营者承担商品销售者责任的,人民法院应予支持。

直播间运营者能够证明已经尽到前款所列标明义务的,人民法院应当综合交易外观、直播间运营者与经营者的约定、与经营者的合作模式、交易过程以及消费者认知等因素予以认定。

第十三条　网络直播营销平台经营者通过网络直播方式开展自营业务销售商品,消费者主张其承担商品销售者责任的,人民法院应予支持。

第十四条　网络直播间销售商品损害消费者合法权益,网络直播营销平台经营者不能提供直播间运营者的真实姓名、名称、地址和有效联系方式的,消费者依据消费者权益保护法第四十四条规定向网络直播营销平台经营者请求赔偿的,人民法院应予支持。网络直播营销平台经营者承担责任后,向直播间运营者追偿的,人民法院应予支持。

第十五条　网络直播营销平台经营者对依法需取得食品经营许可的网络直播间的食品经营资质未尽到法定审核义务,使消费者的合法权益受到损害,消费者依据食品安全法第一百三十一条等规定主张网络直播营销平台经营者与直播间运营者承担连带责任的,人民法院应予支持。

第十六条　网络直播营销平台经营者知道或者应当知道网络直播间销售的商品不符合保障人身、财产安全的要求,或者有其他侵害消费者合法权益行为,未采取必要措施,消费者依据电子商务法第三十八条等规定主张网络直播营销平台经营者与直播间运营者承担连带责任的,人民法院应予支持。

第十七条　直播间运营者知道或者应当知道经营者提供的商品不符合保障人身、财产安全的要求,或者有其他侵害消费者合法权益行为,仍为其推广,给消费者造成损害,消费者依据民法典第一千一百六十八条等规定主张直播间运营者与提供该商品的经营者承担连带责任的,人民法院应予支持。

第十八条　网络餐饮服务平台经营者违反食品安全法第六十二条和

第一百三十一条规定,未对入网餐饮服务提供者进行实名登记、审查许可证,或者未履行报告、停止提供网络交易平台服务等义务,使消费者的合法权益受到损害,消费者主张网络餐饮服务平台经营者与入网餐饮服务提供者承担连带责任的,人民法院应予支持。

第十九条 入网餐饮服务提供者所经营食品损害消费者合法权益,消费者主张入网餐饮服务提供者承担经营者责任,入网餐饮服务提供者以订单系委托他人加工制作为由抗辩的,人民法院不予支持。

第二十条 本规定自2022年3月15日起施行。

网络购买商品七日无理由退货暂行办法

(2017年1月6日国家工商行政管理总局令第90号公布 根据2020年10月23日国家市场监督管理总局令第31号《关于修改部分规章的决定》修订)

第一章 总 则

第一条 为保障《消费者权益保护法》七日无理由退货规定的实施,保护消费者合法权益,促进电子商务健康发展,根据《消费者权益保护法》等相关法律、行政法规,制定本办法。

第二条 消费者为生活消费需要通过网络购买商品,自收到商品之日起七日内依照《消费者权益保护法》第二十五条规定退货的,适用本办法。

第三条 网络商品销售者应当依法履行七日无理由退货义务。

网络交易平台提供者应当引导和督促平台上的网络商品销售者履行七日无理由退货义务,进行监督检查,并提供技术保障。

第四条 消费者行使七日无理由退货权利和网络商品销售者履行七日无理由退货义务都应当遵循公平、诚实信用的原则,遵守商业道德。

第五条　鼓励网络商品销售者作出比本办法更有利于消费者的无理由退货承诺。

第二章　不适用退货的商品范围和商品完好标准

第六条　下列商品不适用七日无理由退货规定：

（一）消费者定作的商品；

（二）鲜活易腐的商品；

（三）在线下载或者消费者拆封的音像制品、计算机软件等数字化商品；

（四）交付的报纸、期刊。

第七条　下列性质的商品经消费者在购买时确认，可以不适用七日无理由退货规定：

（一）拆封后易影响人身安全或者生命健康的商品，或者拆封后易导致商品品质发生改变的商品；

（二）一经激活或者试用后价值贬损较大的商品；

（三）销售时已明示的临近保质期的商品、有瑕疵的商品。

第八条　消费者退回的商品应当完好。

商品能够保持原有品质、功能，商品本身、配件、商标标识齐全的，视为商品完好。

消费者基于查验需要而打开商品包装，或者为确认商品的品质、功能而进行合理的调试不影响商品的完好。

第九条　对超出查验和确认商品品质、功能需要而使用商品，导致商品价值贬损较大的，视为商品不完好。具体判定标准如下：

（一）食品（含保健食品）、化妆品、医疗器械、计生用品：必要的一次性密封包装被损坏；

（二）电子电器类：进行未经授权的维修、改动，破坏、涂改强制性产品认证标志、指示标贴、机器序列号等，有难以恢复原状的外观类使用痕迹，或者产生激活、授权信息、不合理的个人使用数据留存等数据类使用痕迹；

（三）服装、鞋帽、箱包、玩具、家纺、家居类：商标标识被摘、标识被剪，商品受污、受损。

第三章 退货程序

第十条 选择无理由退货的消费者应当自收到商品之日起七日内向网络商品销售者发出退货通知。

七日期间自消费者签收商品的次日开始起算。

第十一条 网络商品销售者收到退货通知后应当及时向消费者提供真实、准确的退货地址、退货联系人、退货联系电话等有效联系信息。

消费者获得上述信息后应当及时退回商品，并保留退货凭证。

第十二条 消费者退货时应当将商品本身、配件及赠品一并退回。

赠品包括赠送的实物、积分、代金券、优惠券等形式。如果赠品不能一并退回，经营者可以要求消费者按照事先标明的赠品价格支付赠品价款。

第十三条 消费者退回的商品完好的，网络商品销售者应当在收到退回商品之日起七日内向消费者返还已支付的商品价款。

第十四条 退款方式比照购买商品的支付方式。经营者与消费者另有约定的，从其约定。

购买商品时采用多种方式支付价款的，一般应当按照各种支付方式的实际支付价款以相应方式退款。

除征得消费者明确表示同意的以外，网络商品销售者不应当自行指定其他退款方式。

第十五条 消费者采用积分、代金券、优惠券等形式支付价款的，网络商品销售者在消费者退还商品后应当以相应形式返还消费者。对积分、代金券、优惠券的使用和返还有约定的，可以从其约定。

第十六条 消费者购买商品时采用信用卡支付方式并支付手续费的，网络商品销售者退款时可以不退回手续费。

消费者购买商品时采用信用卡支付方式并被网络商品销售者免除手续费的，网络商品销售者可以在退款时扣除手续费。

第十七条 退货价款以消费者实际支出的价款为准。

套装或者满减优惠活动中的部分商品退货，导致不能再享受优惠的，根据购买时各商品价格进行结算,多退少补。

第十八条 商品退回所产生的运费依法由消费者承担。经营者与消费者另有约定的,按照约定。

消费者参加满足一定条件免运费活动,但退货后已不能达到免运费活动要求的,网络商品销售者在退款时可以扣除运费。

第十九条 网络商品销售者可以与消费者约定退货方式,但不应当限制消费者的退货方式。

网络商品销售者可以免费上门取货,也可以征得消费者同意后有偿上门取货。

第四章 特别规定

第二十条 网络商品销售者应当采取技术手段或者其他措施,对于本办法第六条规定的不适用七日无理由退货的商品进行明确标注。

符合本办法第七条规定的商品,网络商品销售者应当在商品销售必经流程中设置显著的确认程序,供消费者对单次购买行为进行确认。如无确认,网络商品销售者不得拒绝七日无理由退货。

第二十一条 网络交易平台提供者应当与其平台上的网络商品销售者订立协议,明确双方七日无理由退货各自的权利、义务和责任。

第二十二条 网络交易平台提供者应当依法建立、完善其平台七日无理由退货规则以及配套的消费者权益保护有关制度,在其首页显著位置持续公示,并保证消费者能够便利、完整地阅览和下载。

第二十三条 网络交易平台提供者应当对其平台上的网络商品销售者履行七日无理由退货义务建立检查监控制度,发现有违反相关法律、法规、规章的,应当及时采取制止措施,并向网络交易平台提供者或者网络商品销售者所在地市场监督管理部门报告,必要时可以停止对其提供平台服务。

第二十四条 网络交易平台提供者应当建立消费纠纷和解和消费维权自律制度。消费者在网络交易平台上购买商品,因退货而发生消费纠纷或其合法权益受到损害时,要求网络交易平台提供者调解的,网络交易平台提供者应当调解;消费者通过其他渠道维权的,网络交易平台提供者应当向消费者提供其平台上的网络商品销售者的真实名称、地址和有效联系方式，积极协助消费者维护自身合法权益。

第二十五条　网络商品销售者应当建立完善的七日无理由退货商品检验和处理程序。

对能够完全恢复到初始销售状态的七日无理由退货商品，可以作为全新商品再次销售；对不能够完全恢复到初始销售状态的七日无理由退货商品而再次销售的，应当通过显著的方式将商品的实际情况明确标注。

第五章　监督检查

第二十六条　市场监督管理部门应当加强对网络商品销售者和网络交易平台提供者经营行为的监督检查，督促和引导其建立健全经营者首问和赔偿先付制度，依法履行网络购买商品七日无理由退货义务。

第二十七条　市场监督管理部门应当及时受理和依法处理消费者有关七日无理由退货的投诉、举报。

第二十八条　市场监督管理部门应当依照公正、公开、及时的原则，综合运用建议、约谈、示范等方式，加强对网络商品销售者和网络交易平台提供者履行七日无理由退货法定义务的行政指导。

第二十九条　市场监督管理部门在对网络商品交易的监督检查中，发现经营者存在拒不履行七日无理由退货义务，侵害消费者合法权益行为的，应当依法进行查处，同时将相关处罚信息计入信用档案，向社会公布。

第六章　法律责任

第三十条　网络商品销售者违反本办法第六条、第七条规定，擅自扩大不适用七日无理由退货的商品范围的，按照《消费者权益保护法》第五十六条第一款第（八）项规定予以处罚。

第三十一条　网络商品销售者违反本办法规定，有下列情形之一的，依照《消费者权益保护法》第五十六条第一款第（八）项规定予以处罚：

（一）未经消费者在购买时确认，擅自以商品不适用七日无理由退货为由拒绝退货，或者以消费者已拆封、查验影响商品完好为由拒绝退货的；

（二）自收到消费者退货要求之日起超过十五日未办理退货手续，或者未向消费者提供真实、准确的退货地址、退货联系人等有效联系信息，致使消费者无法办理退货手续的；

（三）在收到退回商品之日起超过十五日未向消费者返还已支付的商品价款的。

第三十二条 网络交易平台提供者违反本办法第二十二条规定的，依照《电子商务法》第八十一条第一款第（一）项规定予以处罚。

第三十三条 网络商品销售者违反本办法第二十五条规定，销售不能够完全恢复到初始状态的无理由退货商品，且未通过显著的方式明确标注商品实际情况的，违反其他法律、行政法规的，依照有关法律、行政法规的规定处罚；法律、行政法规未作规定的，予以警告，责令改正，并处一万元以上三万元以下的罚款。

第三十四条 网络交易平台提供者拒绝协助市场监督管理部门对涉嫌违法行为采取措施、开展调查的，予以警告，责令改正；拒不改正的，处三万元以下的罚款。

第七章 附 则

第三十五条 网络商品销售者提供的商品不符合质量要求，消费者要求退货的，适用《消费者权益保护法》第二十四条以及其他相关规定。

第三十六条 经营者采用电视、电话、邮购等方式销售商品，依照本办法执行。

第三十七条 本办法由国家市场监督管理总局负责解释。

第三十八条 本办法自 2017 年 3 月 15 日起施行。

附录二

最高人民法院发布
消费者权益保护典型案例[①]

党的十八大以来,以习近平同志为核心的党中央高度重视扩大内需、促进消费。习近平总书记指出,“形成强大国内市场是构建新发展格局的重要支撑”“要把扩大消费同改善人民生活品质结合起来,适应不同收入群体实际需要,以高质量供给提高居民消费能力和意愿”,为人民法院做好消费者权益司法保护工作指明了方向。加强消费者权益司法保护对于扩大内需、促进消费、构建新发展格局、推动经济高质量发展、不断满足人民群众对美好生活的向往具有重要作用。

最高人民法院坚持以习近平新时代中国特色社会主义思想为指导,深入贯彻习近平法治思想,把深入领会“两个确立”的决定性意义,增强“四个意识”、坚定“四个自信”、做到“两个维护”落实在具体行动中,坚持服务大局、司法为民、公正司法,主动适应消费者权益保护的新形势新要求,通过制定司法解释和司法政策、发布典型案例等方式加大消费者权益司法保护力度。

2013 年 12 月,最高人民法院公布了《关于审理食品药品纠纷案件适用法律若干问题的规定》,对于审判实践中审理食品药品纠纷案件的新情况和新问题作出积极回应。2020 年 12 月,最高人民法院公布了《关于审理食品安全民事纠纷案件适用法律若干问题的解释(一)》,对切断“黑作

① 载微信公众号“最高人民法院”,2022 年 3 月 15 日。

坊”食品经营链条、强化经营者标签标明义务等作出规定，依法保障公众身体健康和生命安全，守护人民群众“舌尖上的安全”。2021 年 3 月，最高人民法院联合最高人民检察院、农业农村部等六单位印发《探索建立食品安全民事公益诉讼惩罚性赔偿制度座谈会会议纪要》，探索建立食品安全民事公益诉讼惩罚性赔偿制度，维护市场秩序和社会公共利益。2022 年 3 月，最高人民法院公布了《关于审理网络消费纠纷案件适用法律若干问题的规定（一）》，对于网络直播营销、外卖餐饮等群众普遍关切的问题作出规定，依法保护数字经济背景下消费者合法权益，促进网络经济健康持续发展，该规定于 2022 年 3 月 15 日起施行。

全国各级人民法院依法妥善审理大量涉消费者权益保护纠纷案件。本次发布的案例涉及医疗美容消费、大学生贷款订立摄影合同、婚礼影像资料丢失、预付费消费退款、住房消费、网络消费格式条款的提示说明和解释、网店客服行为后果、二手商品转让、经营者承诺、消费者个人信息保护等问题，旨在积极营造有利于消费升级的法治环境，便于人民群众安心消费、放心消费，切实增强人民群众的安全感、获得感和幸福感。下一步，人民法院将进一步发挥审判职能作用，为经济社会发展大局提供有力司法服务和保障。

案例 1

医疗美容机构虚假宣传和诊疗过错行为造成患者损害应予赔偿

——邹某与某医美机构侵权责任纠纷案

【基本案情】

邹某曾在湖南某医院实施眼袋整形术，术后其认为自己下睑皮肤松弛，经其了解，得知北京某医美机构主刀医生师出名门，经验丰富，遂于 2015 年 12 月来到该医美机构进行了双侧下睑修复术。术后，邹某出现双侧下睑局部凹陷、疤痕畸形，外眼角畸形短小圆钝等症状。此后，邹某先后六次在其他医院进行修复，但仍无改善。邹某认为该医美机构的修复手术对其造成了损害，遂诉至法院要求该机构赔偿其医疗费、误工费、精神损害抚慰金等损失，并要求适用消费者权益保护法三倍赔偿其手术费。

【裁判结果】

法院认为：首先，本案属于消费型医疗美容，邹某为健康人士，为满足对美的追求的生活需要而接受美容服务，具有消费者的特征；该医美机构的经营目的为获取利润，具有经营者的特征。消费者为生活消费接受经营者提供服务的，应当受消费者权益保护法调整。经查，该医美机构因发布的医疗广告内容与卫生行政部门审批的广告内容不相符，广告语不真实等虚假宣传行为屡次受到行政处罚，邹某系受到上述广告误导而接受服务，故该医美机构存在虚假宣传的欺诈行为，应适用消费者权益保护法关于惩罚性赔偿的规定，由该医美机构三倍赔偿邹某的手术费用。其次，该医美机构的诊疗行为存在过错，但术后邹某又在其他医疗美容机构的修复行为确已改变医方的手术结果，法院遂判决该医美机构按照 60%的过错责任比例赔偿邹某各项损失共计 74948 元。

【典型意义】

本案为典型的因医疗美容虚假宣传和诊疗不规范行为引发的侵权责任纠纷。通过该案的审理，法院充分发挥了司法裁判在社会治理中的规则引领和价值导向作用。首先，将医疗美容纠纷纳入医疗损害责任纠纷范畴，按照医疗损害责任纠纷的标准审查证据，有助于督促医美机构加强医疗文书制作及保存工作，规范其诊疗活动。其次，将消费型医疗美容纠纷纳入消费者权益保护法范围并适用惩罚性赔偿的规定，加大对商业欺诈行为的制裁力度，既能对医美机构起到应有的警示作用，预防、震慑其违法行为，也维护了医美市场的诚信和秩序，有利于切实保护消费者合法权益。

案例 2

消费者与影楼签订摄影合同后可依法行使解除权

——李某、景某诉某影楼承揽合同纠纷案

【基本案情】

李某、景某为两在校大学生，看到某影楼发布 19.9 元古装写真广告，遂去店拍摄。后两人对照片、相册、化妆、服装等项目多次消费升级，与某影楼先后签订了五份协议，合计金额达2.6万余元。李某、景某通过向亲友借款和开通网贷支付了部分款项后，当天向该公司提出变更套餐内容，减少合同金额，遭拒。后两人向某区消保委投诉未果，遂诉至法院，要求解除五份协议，并退还已经支付的全部款项2万余元，尚未支付的5900元不再支付。

【裁判结果】

法院认为，某影楼按照李某、景某特定拍摄、化妆、选片、选相册等要求而与其签订多份合同，影楼以自己的设备、技术和劳力，根据李某、景某的指示进行相应工作，交付约定的工作成果，李某、景某向影楼支付约定的报酬。故双方为承揽合同关系，李某、景某作为定作人享有任意解除权。但是，任意解除权的行使应有三大限制条件：解除应有效通知到承揽人；解除通知应在承揽人完成承揽工作之前到达承揽人；如因解除行为给承揽人造成损失的，定作人应当赔偿损失。合同解除后，定作人按合同约定预先支付报酬的，承揽人在扣除已完成部分的报酬后，应当将剩余价款返还定作人。故法院判决五份协议中尚未履行的协议全部解除，未全部履行的协议部分解除，已履行完毕的协议不能解除，被告退还两原告合同款项1.86万元。

【典型意义】

当前，越来越多的消费者选择摄影、美容、美发、健身、婚庆、教育培训等可以满足精神需求的消费方式。本案中，两女大学生从商家19.9元的低价引流活动一路消费升级至2.6万余元。因无力支付，被商家引导现场开通网贷等消费贷款，后因合同协商解除不成引发纠纷。本案通过对系争合同解除争议作出正确判决，最大限度地维护了消费者合法权益的同时，充分发挥个案的指引、评价、教育功能，将司法裁判与倡导树立正确的消费观以及通过司法建议促进商家规范经营相结合，引导广大消费者理性消费，广大商家诚信经营。

案例 3

婚礼影像资料丢失精神损害抚慰金的赔偿
——周某某、肖某诉某演艺公司合同纠纷案

【基本案情】

2019年2月1日,周某某、肖某举行婚礼,聘请某演艺公司为其做婚庆服务,二位在某演艺公司处订购了价值5500元的婚庆服务,包括主持、摄影、摄像、婚车装饰、灯光租赁、音响、花艺师、婚礼现场、运费等,其中摄影服务为600元。周某某向某演艺公司预付了定金500元,婚礼结束后,周某某、肖某支付了全部服务费。尔后,某演艺公司将婚礼过程的摄像资料丢失,无法向周某某、肖某交付该资料,周某某、肖某遂要求法院判决返还服务费5500元并赔偿精神抚慰金50000元。

【裁判结果】

法院认为,某演艺公司除摄影资料不能交付外,其余服务均已完成,且周某某、肖某未提出异议,故某演艺公司应返还的服务费应当是摄影部分的服务费600元,而非全部服务费用。同时,本案诉争的摄像资料记载了周某某、肖某夫妇人生中的重要时刻,有着特殊的纪念意义,由于婚礼过程是不可重复和再现的,该摄影资料记载的内容对于周某某、肖某来说,属于具有人格象征意义的特定纪念物品,某演艺公司未按照双方约定将摄像资料交付给周某某、肖某,造成记录他们婚礼现场场景的载体永久性灭失,某演艺公司的违约行为侵犯了二位新人对其具有人格象征意义的特定纪念物品的所有权,对周某某、肖某造成精神上的伤害。人民法院结合某演艺公司的过错程度、承担责任的经济能力、本地平均生活水平综合酌定精神损害抚慰金为6000元。

【典型意义】

婚礼是极具纪念意义的特殊经历,婚礼现场的影像资料是每一对步入婚姻殿堂的夫妇的珍贵资料,具有不可复制性,一旦毁损灭失将不具可逆性,虽影像资料的丢失未对当事人造成生理上的身体健康及完整性的损害,但此事件对当事人具有精神上的损害,本案中,某演艺公司将他们

夫妇的具有人格象征意义的纪念影像丢失，给二位新人造成了不可弥补的精神损失，应当赔偿一定的精神损害抚慰金。本案的处理既维护了消费者的合法权益，又能促使经营者不断的规范自己的经营活动，共同营造良好有序、值得信赖的营商环境，同时也重视了婚姻家庭文化的建设，对弘扬文明、自由、平等、诚信、友善的社会主义核心价值观具有重要的积极意义。

案例 4

预付卡未使用金额经营者应向消费者返还
——张某等人诉某销售公司、孟某某服务合同纠纷案

【基本案情】

2017 年至 2019 年期间，张某等众多家长为自己 1 至 3 岁的婴幼儿到某销售公司所经营的游泳馆进行办卡消费并签订入会协议，每人预存了几千元至上万元不等的费用，以微信转账或支付宝转账方式支付给该公司法人及唯一股东孟某某。2020 年年初，该婴幼儿游泳馆即处于闭店状态，后该公司承租场地合同到期终止，不再继续经营。该公司在退还部分家长未使用费用后便不再进行退款。张某等人与该销售公司法人孟某某协商无果后，张某等人诉至法院，请求判决销售公司及孟某某退还剩余服务费用。

【裁判结果】

法院认为，销售公司所经营游泳馆疫情期间未营业，且在承租场地到期后不再继续经营，该销售公司亦不再具备继续履行的条件及能力，故销售公司应当按照各消费者所剩余次数折算后退还相应的预付费用。因孟某某作为该销售公司的唯一股东，其以个人账户接收消费者的预付款项，形成了个人财产与公司财产的混同，该法院依法判决，销售公司向张某等人返还剩余预付款，孟某某对上述预付款的返还承担连带责任。

【典型意义】

预付卡消费在服务领域，特别是在教育培训、美容美发、洗车、洗衣、健身等服务中广泛存在，而预付卡消费实践中存在以下情况：办卡过程中

因经营者存在宣传诱导、预付卡合同中存在“消费者办卡后不补、不退、不得转让,逾期作废概不退款”等约定、办卡后扣款不明及服务下降,导致消费者在预付卡消费中与商家存在争议;更有甚者,部分经营者以装修、维护、停业整顿为名,携款跑路,或在重新整修后,改换门面,终止服务,造成预付卡消费者的消费困境。本案通过查明消费者与经营者之间合同履行情况,在确认经营者无法继续提供约定服务的情况下,明确作为经营者负有将预付款中尚未消费的部分应当予以返还,并结合该销售公司为一人公司的性质及股东收取预付款情况,依法认定股东应当作为责任主体,对销售公司所负有返还剩余预付款的债务承担连带责任,最大限度地维护消费者合法权益。

案例5

购房后无法正常用电,买受人有权要求开发商赔偿损失

——张某与某房地产开发公司房屋买卖合同纠纷案

【基本案情】

张某从开发商处购买房屋一套,入住后发现房屋负一层所有电源插座无法使用,只要一经合闸,全单元总闸跳闸。张某多次联系物业公司和开发商未果。为此,张某将开发商诉至法院,要求开发商承担电路修缮费用。开发商辩称,房屋已经通过竣工验收并交付使用,不认可案涉工程质量有问题,不同意张某的诉讼请求。审理过程中,张某申请对房屋用电无法正常使用的具体原因、修复方案及修复费用进行鉴定,鉴定机构出具鉴定意见,认为用户无法正常用电的具体原因为地下一层插座线路之间存在短路,修复方案分为明敷设和拆除原装插座线路恢复原状修复,其中明敷设修复费用为5000元,恢复原状修复费用为3万元。

【裁判结果】

法院认为,开发商作为建设单位,对其交付的房屋应当承担质量瑕疵担保责任,对存在质量问题的房屋应当及时予以修复。本案中,出现质量问题的电路系统虽然不属于房屋主体结构,但仍然是房屋整体的组成部

分。尽管房屋整体通过竣工验收,但不影响开发商对经鉴定确定存在的问题承担修复责任,开发商始终未予修复,应当赔偿张某的修复损失。关于修复费用的标准,虽然鉴定机构在出具鉴定意见时,给出了两种不同的修复方案,但是张某不同意适用明敷设配管配线的修复方案,综合考虑案件质量问题的起因、质量问题的程度、质量问题持续的时间、开发商在解决问题过程中的作为情况,法院最终判决开发商按照恢复原状修复方案赔偿张某修缮费用并承担本案鉴定费用。

【典型意义】

住有所居、安居宜居,是万千家庭的共同心愿。商品房房款动辄几百万,普通家庭要举一家几代人的力量才能负担。商品房质量直接关系群众的居住体验,关系老百姓的安居幸福感。电路插座也是房屋的重要组成部分,尽管该瑕疵在房屋交付验收时不易被发现,但却实际影响了张某的日常用电和生活起居,且持续多年未得到解决。本案裁判不仅明确了开发商对出售房屋的质量瑕疵担保责任,而且明确了全面、充分保护的原则。就修复方案的考量,还考虑了房屋质量问题的起因、程度、持续时间以及开发商在解决问题过程中的作为情况,最大限度地保障了房屋买受人的合法权益,有助于引导房地产企业重品质、守诚信,对构建诚实、守信、和谐的房地产市场环境贡献了司法力量。

案例6

网络消费格式条款中与消费者有重大利害关系内容存在例外情形,应以显著方式进行提示

——邬某诉某旅游App经营公司网络服务合同纠纷案

【基本案情】

邬某通过A公司经营的旅游App预定境外客房,支付方式为"到店支付",订单下单后即被从银行卡中扣除房款,后原告未入住。原告认为应当到店后付款,A公司先行违约,要求取消订单。A公司认为其已经在服务条款中就"到店支付"补充说明"部分酒店住宿可能会对您的银行卡

预先收取全额预订费用”，不构成违约，拒绝退款。邬某将A公司起诉至法院，请求判令退还预扣的房款。

【裁判结果】

法院经审理认为，对“到店支付”的通常理解应为用户到酒店办理住宿时才会支付款项，未入住之前不需要支付。即使该条款后补充说明部分酒店会“预先收取全额预订费用”，但对这种例外情形应当进行特别提示和说明，如果只在内容复杂繁多的条款中规定，不足以起到提示的作用，A公司作为预定服务的提供者应当承担责任。最终，法院支持邬某退还房款的诉讼请求。

【典型意义】

在数字经济、互联网产业飞速发展的大背景下，线上交易中企业基本都采用格式条款的方式与消费者建立契约关系。但是，在格式条款发挥其便捷、高效、积极作用的同时，因其本身具有的单方提供、内容固定的特质所带来的问题和风险，也不容忽视。法律明确赋予了格式条款提供者进行提示说明的义务，民法典第四百九十六条规定：“……提供格式条款的一方未履行提示或者说明义务，致使对方没有注意或者理解与其有重大利害关系的条款的，对方可以主张该条款不成为合同的内容。”提供格式条款的企业应当基于公平、诚信原则，依法、合理制定格式条款的内容，并对于履行方式等与消费者有重大利害关系的条款，向消费者进行特别的提醒和说明，从而维护交易秩序，平衡双方利益，促进行业发展。本案的裁判进一步厘清了网络服务提供者作为提供格式条款一方的责任，引导互联网交易模式更加符合契约自由和契约正义的精神。

案例7

对于网络店铺客服的行为店铺应当负责

——李某诉某书店信息网络买卖合同纠纷案

【基本案情】

李某在M书店经营的网络店铺付款22172元购买书籍，因该电商平台关联的银行账户额度所限，经与店铺客服沟通后，李某通过平台付款10172元，向店铺客服赵某微信转账12000元。2019年8月25日李某告知赵某书单有变化，待确定后再发货，赵某表示同意。后双方对购买商品品种和数量做了变更，交易价格变更为1223元。M书店将通过平台支付的10172元退还给李某，但通过微信支付给赵某的款项扣除交易价款后尚有10777元未退回。多次要求退款无果，李某将M书店诉至法院，请求退还购书款。

【裁判结果】

法院认为，案涉交易发生时，赵某系M书店的员工，并作为M书店所经营网络店铺的客服与李某就购书事宜进行了磋商，该行为属于网店客服人员职权范围内的事项。M书店并未就交易磋商的方式和渠道进行特殊提示或告知，故无论该行为是通过电商平台还是微信，只是磋商渠道和方式的不同。李某有理由相信赵某的行为是代表M书店与其进行交易磋商，赵某的行为对M书店应发生效力。李某与M书店之间就购买书籍建立了网络购物合同关系。后，李某提出变更购买图书的名称及数量，并要求退还剩余款项，赵某表示同意，应视为李某与M书店就合同内容进行了变更，M书店应当退还剩余款项10777元，故判决支持了李某的诉讼请求。

【典型意义】

便捷、快速进行交易是互联网消费的优势之一，而交易的安全和稳定同样是消费者保护的应有之义，两者不可偏废。现实中，考虑到消费者对购物、沟通软件使用习惯、偏好的不同以及其他具体特殊情况，不宜仅仅因为消费者未完全通过电商平台进行支付轻易否认消费者与商家相关交易行为的效力。该案判决认定店铺客服能够代表店铺进行交易，是对交易中消费者对店铺信任的保护，也是对于交易秩序和安全的维护，压实了商家主体责任，提示、督促商家加强内部管理监督，从而进一步规范线上交易中商家的销售行为，促进互联网数字经济行业有序发展。

案例 8

经营者未经许可不得将其掌握的消费者信息用于商业宣传
——郑某诉某公司网络侵权责任纠纷案

【基本案情】

郑某与其配偶在某公司开设的照相馆拍摄了一组亲密照。订立合同时，郑某并未同意拍摄作品可由照相馆作商业宣传使用。2019 年 11 月 1 日，某公司在其经营所用的两个微信的朋友圈，使用郑某与其配偶的亲密照宣传业务。郑某认为某公司侵害其肖像权、隐私权，向人民法院起诉要求某公司赔礼道歉、赔偿损失 72000 元。

【裁判结果】

法院认为，某公司未经郑某同意，在其经营所用微信的朋友圈使用郑某肖像用于商业宣传，构成利用网络侵害郑某的肖像权。案涉照片属于郑某及其配偶的亲密照，某公司亦侵害郑某的隐私权。结合郑某的合理维权开支、某公司主观过错程度等情况，法院判令某公司向郑某赔礼道歉、赔偿损失 15000 元。

【典型意义】

消费者在接受服务过程中留下的私人信息，如姓名、肖像、接受的服务内容等，涉及消费者的肖像权、隐私权等权利，受到法律的保护。对经营者而言，消费者信息具有经济价值，为经营者非法使用提供了利益驱动。经营者在业务活动中使用其收集到的消费者信息，应当遵循合法、正当、必要的原则，且不得违反法律法规的规定和双方的约定。本案明确经营者在未经消费者同意的情况下，不得使用其掌握的消费者个人信息进行宣传，有利于指引经营者规范自身经营行为，加强消费者个人信息保护。

案例 9

销售者在二手商品网站从事经营活动构成欺诈的,应当承担惩罚性赔偿责任

——高某诉杨某网络信息购物合同纠纷案

【基本案情】

杨某在某二手商品网络交易平台发布二手"某知名品牌无线耳机"的交易信息,称该无线耳机系其外出旅游时在官方专营店购买其他数码产品时赠送,全新正品,现闲置低价转让。高某获知该信息,向杨某确认该二手商品系全新官方正品后,通过二手商品网络交易平台与杨某达成交易。高某收到耳机后,发现该无线耳机系假冒产品,认为杨某销售行为构成欺诈,遂向法院提起诉讼,请求判令杨某返还已支付的购物款并承担价款三倍的惩罚性赔偿责任。法院经审理查明,杨某销售的"二手商品"确系假冒产品,且杨某短时间内在某二手商品网络交易平台以同样宣传方式已销售同款无线耳机 40 余笔,交易金额超 5 万余元。

【裁判结果】

法院认为,杨某在二手网络交易平台假借出售个人闲置物品的名义长期从事经营性销售活动,并以虚假宣传的方式销售假冒商品,致高某陷入错误认识,进而订立合同,形成交易,杨某行为应认定为商业性经营行为,其行为构成销售欺诈。高某主张杨某依据消费者权益保护法承担经营者责任,法院应予支持。故判令杨某退还高某已支付的商品价款并承担商品价款三倍的惩罚性赔偿。

【典型意义】

近年来,个人闲置物品的网络交易,方兴未艾,交易人数、交易量发展迅速。各大二手商品网络交易平台的出现,更促进了社会个人闲置二手商品交易的繁荣,但不可忽视的是二手商品网络交易平台中销售者发布的商品鱼目混珠,侵害合法权益的事件多有发生。对于二手商品网络交易平台发生的交易,买家权益受到损害,能否适用消费者权益保护法要求销售者承担经营者责任,相关法律规定并不明确。从促进全社会个人闲

置二手物品线上交易健康、规范、有序发展,以及平等保护市场交易主体合法权益的角度考虑,有必要对网络二手市场的交易主体进行区分,应在综合考虑出售商品的性质、来源、数量、价格、频率、是否有其他销售渠道、收入等情况下,合理将长期从事二手交易营利活动的销售者界定为经营者,适用消费者权益保护法的相关规定,以切实维护消费者的合法权益。

案例 10

电子商务经营者应当遵守对消费者做出的有利承诺,对承诺的解释应按普通消费者的通常认知进行

——齐某某诉罗某某网络信息购物合同纠纷案

【基本案情】

罗某某在某网络购物平台开设有网络店铺,从事某品牌电动摩托车锂电池的销售经营活动。罗某某在其网络店铺销售商品时对外宣称,商品“签收 15 天内支持免费退换货,半年内质量问题换新,两年保修”。齐某某在罗某某网络店铺购了前述品牌的电动摩托车锂电池,使用三个月后发现存在充电不满等质量问题,便要求罗某某按销售承诺为其更换新电池。罗某某经检查确认交付的锂电池确实存在质量问题后,同意为齐某某更换新的电池。更换电池后,齐某某仍发现存在同样的质量问题,通过平台与罗某某协商,罗某某明确此前并未给齐某某换新电池,仅更换了电芯,并以销售承诺中的“换新”仅指换“新电芯”为由,拒绝为齐某某更换全新的电池。齐某某因此诉至法院,请求判令解除与罗某某的信息网络购物合同,并由罗某某退还已支付的商品价款。

【裁判结果】

法院认为,罗某某在销售案涉商品时,通过商品网络详情页对齐某某做出承诺,所售商品“半年内质量问题换新”,按社会普通消费者的通常理解,此处的“换新”应指电池整机换新,而非构成电池组成部分零部件换新。罗某某确认交付给齐某某的锂电池存在质量问题,但却未按销售承诺给齐某某换新电池,而是将部分零部件进行了更换。齐某某要求罗某

某按承诺,对整个电池换新,但罗某某一直予以拒绝。齐某某只能另行购买新的电池使用。罗某某在销售商品存在质量问题的情况下,拒不按销售承诺履行更换义务,已构成违约。现其违约行为已致合同目的无法实现,齐某某要求解除合同,退还货款,依法应予支持。

【典型意义】

电子商务经营者在销售商品时对消费者做出有利承诺的,应当遵守其承诺。现实中存在不少电子商务经营者为吸引流量、促进销售,在销售商品或提供服务时以宣传或告示等形式向消费者做出高于国家、行业标准的有利承诺,当消费者接受承诺与经营者形成交易关系后,经营者却以各种理由拒不兑现其承诺,有损消费者的合理预期,也侵害了消费者的合法权益。电子商务经营者兑现对消费者做出的有利承诺,既是对交易双方协议约定重要义务的履行,更是经营者诚信经营的重要体现。电子商务经营者的承诺是向消费者做出的,一般应以社会普通消费者能够理解的方式进行表达,当消费者对其中某些用语的理解,与经营者的理解不同时,应以交易时社会普通消费者的通常理解为标准进行解释,以强化对消费者权益的保障。